Für Lars und Lena

Über dieses Buch

Mitarbeiterbefragungen sind für viele Führungskräfte und Personaler ein etabliertes Instrument. Bei der Interpretation der Ergebnisse fehlt allerdings oft die Orientierung. Wie ist etwa ein bestimmter Ergebniswert einzuordnen? Die gleiche Zahl kann exzellent, gut, mittelmäßig, schlecht oder sogar alarmierend sein. Aber woran soll man es festmachen? Hier setzt dieses Buch an. Es bietet fundierte Hintergrundinformationen zu allen wesentlichen Dimensionen einer Befragung und gibt zahlreiche praktische Tipps zur Interpretation. Damit ist es eine unerlässliche praktische Hilfe für alle, die konkret mit Befragungsergebnissen arbeiten müssen.

Über den Autor

Klaus D. Mittorp war viele Jahre Führungskraft im Personalwesen eines DAX-Konzerns sowie eines familiengeführten, mittelständischen „Hidden Champion" und arbeitete ein knappes Jahrzehnt als Senior Vice President in einer großen internationalen Unternehmensberatung. Er hat in dieser Zeit hunderte von Mitarbeiterbefragungen konzipiert und begleitet und sich dabei intensiv mit dem Thema befasst und hierzu auch international publiziert.

Klaus D. Mittorp

Ergebnisse von Mitarbeiterbefragungen richtig deuten

Eine praktische Orientierungshilfe

COLMAR VERLAG

© 2021, 2023 Klaus D. Mittorp

Lektorat: Michael Zuch
Umschlag: Andreas Breitling via Pixabay

Verlag & Druck: Colmar Verlag
ein Imprint der
tredition GmbH
Heinz-Beusen-Stieg 5
D-22926 Ahrensburg

ISBN: Hardcover   978-3-347-46825-2
e-Book   978-3-347-46829-0

Inhaltsverzeichnis

Einleitung

Möglicherweise kennen Sie derartige Situationen: Ihre Firma hat (wieder einmal) eine Mitarbeiterbefragung durchgeführt. Als Ad-hoc-Maßnahme oder als Teil des Monitorings der sogenannten „Employee Experience"[1]. Es gab zu den allgemeinen Ergebnissen institutionalisierte Kommunikation vom Topmanagement und Sie bekommen als Führungskraft Reports mit den Zahlen für Ihren Verantwortungs- oder Zuständigkeitsbereich. Vielleicht sogar Zugang zu einer ganzen Datenbank mit Ihren Werten.

Oder Sie arbeiten im Personalwesen. Spezialisten aus Ihrem eigenen Bereich haben die Befragung durchgeführt und Sie stehen jetzt mit den Ergebnissen vor Ihren internen Kunden, ohne wirklich über die Hintergründe informiert worden zu sein.

Egal in welcher Rolle, jetzt sollen Sie etwas daraus machen. Für das gesamte Unternehmen oder zumindest einen (großen oder kleinen) Teilbereich.

Für das durchführende Projektteam und die ggf. involvierten externen Berater ist das Thema an der Stelle oft schon weitgehend erledigt. Dort liegt der Fokus im Zweifel nur noch darauf, Sie eine gewisse Zeit später nach der Umsetzung von abgeleiteten Maßnahmen zu fragen.

---

[1] die Gesamtheit aller wichtigen Momente und Berührungspunkte der Mitarbeitenden in ihrem Unternehmen

Aber Sie arbeiten nicht dauernd mit Befragungen, der Zeit-druck ist groß, die Ressourcen sind knapp und so können Sie sich oft nur beiläufig mit den Ergebnissen beschäftigen. Ver-lässlicher Rat ist schwer zu bekommen. Und die Chefs wollen irgendwann hören, was sich seit der Befragung getan hat.

Es ist beispielsweise eben nicht offensichtlich, ob es ein gu-tes oder schlechtes Ergebnis ist, wenn 70 % Ihrer Mitarbeiten-den stolz sind, in Ihrer Abteilung zu arbeiten oder was die ver-schiedenen Indices, die da berechnet werden, eigentlich konk-ret bedeuten.

Weil ich immer wieder selbst erlebt habe, dass sich Füh-rungskräfte und auch Personaler mit der Flut an Daten aus Be-fragungsergebnissen ziemlich allein gelassen fühlen, ist dieses Buch entstanden.

Es soll, aufbauend auf meiner langjährigen konkreten Er-fahrung mit solchen Situationen, eine praktische Orientie-rungshilfe geben, um aus den Ergebnissen möglichst einfach möglichst zielführende Erkenntnisse ableiten zu können. Auch darüber, was eine Befragung – aller anderslautenden Be-teuerungen zum Trotz – nicht leisten kann.

Dazu werden die aus meiner Erfahrung wichtigsten As-pekte beleuchtet, die zum Verständnis der Ergebnisse einer Mitarbeiterbefragung erforderlich sind – egal auf welchem Wege die Befragung durchgeführt worden ist.

Hierzu gehören die Art der Befragung ebenso wie das zu-grundeliegende Befragungsmodell, der Befragungszeitpunkt, die Führungssituation, der kulturelle Rahmen, die

Erwartungshaltung, die Arbeitsmarktsituation sowie – ganz wichtig – die Einbettung in den jeweiligen geschäftlichen Kontext.

Eine große Rolle spielt auch, welche Veränderungsbewegung Kennzahlenvergleiche mit früheren Befragungen zeigen und welche Referenzgrößen herangezogen werden.

Nach einer kurzen Einführung in die Welt der Befragungen ist jedem dieser Aspekte ein entsprechender Abschnitt gewidmet, in dem – verständlich und präzise – Wechselwirkungen aufgezeigt werden und erklärt wird, wie aus den Ergebnissen tatsächlich brauchbare Erkenntnisse herausgelesen und gewonnen werden können.

Damit es auch in der Praxis möglichst hilfreich sein kann, habe ich die Informationen im Buch an den passenden Stellen jeweils auch mit ganz konkreten praktischen Tipps ergänzt, die meiner langjährigen persönlichen Erfahrung entspringen.

Frankfurt am Main, im Januar 2023

Die Welt der Befragungen

Einer Mitarbeiterbefragung zu begegnen, ist als Führungskraft oder Personaler selbst in kleinen und mittleren Unternehmen heutzutage nichts Außergewöhnliches mehr. Eine solches Instrument gehört inzwischen zum regelmäßigen Standard der allermeisten Unternehmen.

Dabei herrscht große Vielfalt. Es gibt spezifische Befragungen zu bestimmten Themen, Befragungen im Rahmen von Bedarfserhebungen und interne Kundenbefragungen. Ebenfalls weit verbreitet sind auch Befragungen zu Führungskräfte-Feedbacks (360-Grad-Feedback) oder Exit- oder Onboarding-Befragungen. Diese sind in ihrer Zielsetzung und auch in der Aussage der Ergebnisse alle relativ selbsterklärend.

Deutlich anders verhält sich dies bei den allgemeinen, unternehmensweiten Mitarbeiterbefragungen. Sie sind weit verbreitet, ihre Ergebnisse sind aber meist alles andere als leicht zu interpretieren.

Nach einer langfristigen Betrachtung der Ruhr-Universität Bochum ist der Anteil der deutschen Topunternehmen, die solche Mitarbeiterbefragungen durchführen, von 80 % im Jahr 2007 auf fast 90 % in 2017 gestiegen.[2]

In einer breit angelegten Untersuchung kamen die Beratungsunternehmen Hewitt und Kienbaum im Jahr 2008 zu

---

[2] (Frieg P., Mitarbeiterbefragungen: Follow-Up-Studie bei 200 Top-Unternehmen der DACH-Region, Ruhr-Uni Bochum, 2018)

ähnlichen Erkenntnissen über die große Verbreitung von Mitarbeiterbefragungen.[3]

Inzwischen liegt der Anteil sogar noch etwas höher (s. Abb. 1).[4] Ein Grund für die zunehmende Beliebtheit ist sicher, dass regelmäßige Mitarbeiterbefragungen bei fast allen Nachhaltigkeitsprüfungen ein positives Kriterium im Bereich „Mitarbeitende" darstellen und damit fast jedes ESG-Rating positiv beeinflussen.

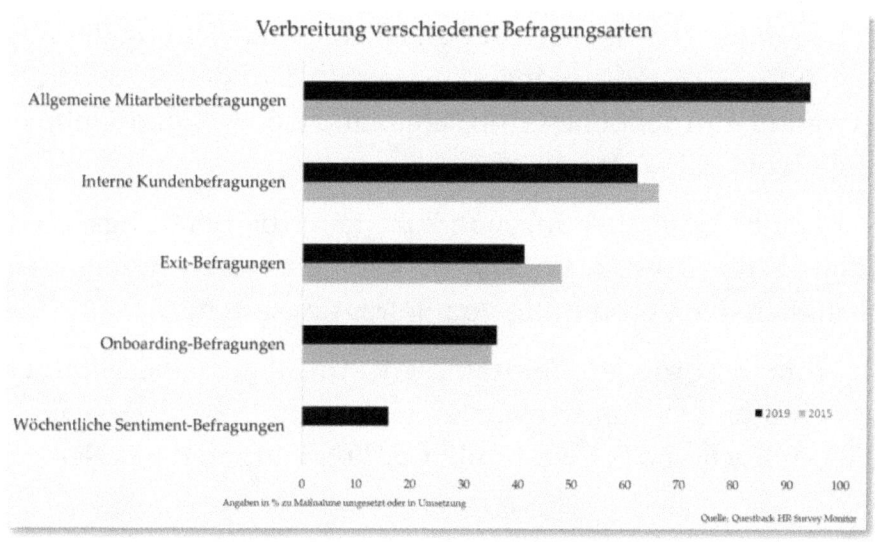

Abbildung 1: Verbreitung verschiedener Befragungsarten

An der Verbreitung von Befragungen ändert auch die Tatsache nichts, dass einige Unternehmen (z. B. Daimler) ihre Befragungen in Coronazeiten vorübergehend ausgesetzt haben.

---

[3] (Hewitt Associates und Kienbaum, Mitarbeiterbefragungen – Die Trends, 2008)

[4] (Questback HR Survey Monitor , 2019)

Die Form der Befragung hat sich im Lauf der Zeit allerdings zum Teil geändert.

Allgemeine Mitarbeiterbefragungen sind heutzutage oft eingebettet in eine sogenannte „Listening-Strategie"[5]. Sie bilden damit nach wie vor die mit Abstand häufigste Befragungsform. Nach Untersuchungen der Beratungsfirma Questback[6] wird sie von 94 % der Unternehmen verwendet und hat in den letzten Jahren keineswegs an Beliebtheit verloren.

Ebenfalls stabil ist nach der gleichen Untersuchung der Einsatz von 360-Grad-Feedbacks, internen Kundenbefragungen (etwa zur Zufriedenheit mit Personal, IT o. Ä.), und Onboarding- bzw. Exit-Befragungen.

In einer Untersuchung von 2020 kam die Beratungsgesellschaft Willis Towers Watson zu ganz ähnlichen Ergebnissen bezüglich der Verbreitung von Befragungsarten.[7]

Trotz ihrer großen Verbreitung ist die allgemeine Mitarbeiterbefragung die am schwersten zu lesende. Sie soll deshalb in diesem Buch den Schwerpunkt der Betrachtung darstellen.

---

[5] Unter einer „Listening-Strategie" versteht man meistens einen umfangreichen Befragungsmix. Dabei wird eine turnusmäßige Vollbefragung ergänzt durch zwischenzeitliche Puls- oder Echtzeitbefragungen. Parallel dazu kommen als Teil der Strategie laufende Befragungen von ausscheidenden („Exit-Befragung") sowie neu eintretenden Mitarbeitenden („Onboarding-Befragung").

[6] ebenda

[7] (Willis Towers Watson, Befragungsmonitor, 2020)

Der Markt

Zum Verständnis von Befragungsergebnissen gehört zunächst auch das Wissen darum, dass das Durchführen und Auswerten von Mitarbeiterbefragungen einen recht großen Markt darstellen, auf dem sich eine Vielzahl von unterschiedlichsten Anbietern tummelt, die klare kommerzielle Interessen verfolgen. Darauf wird später noch gesondert eingegangen.

Die meisten Unternehmen bedienen sich in der Tat für die Umsetzung ihrer Mitarbeiterbefragungen externer Dienstleister. Dies hat vor allem zwei Gründe:

1. ist es ökonomisch meist wenig sinnvoll, derartige Expertise und Ressourcen firmenintern vorzuhalten,
2. ist es über einen externen Anbieter sehr viel leichter und glaubwürdiger, die in den meisten Fällen gewünschte Anonymität (zumindest dem Anschein nach) darzustellen.

Speziell zum Markt der Mitarbeiterbefragungen gibt es keine offiziellen Daten. Dennoch kann man sich leicht ein Bild von den beträchtlichen Dimensionen dieses Marktes machen.

In Deutschland geben Unternehmen pro Jahr aktuell knapp 36 Mrd. EUR für Beratungsleistungen aus.[8] Knapp 10 % davon entfallen auf HR-bezogene Leistungen, also etwa 3,6 Mrd. EUR. Wie viel hiervon auf Befragungen entfällt, ist unklar. Allerdings ist über die Bundesagentur für Arbeit bekannt, dass

---

[8] (Bundesverband Deutscher Unternehmensberater e. V., Facts & Figures zum Beratermarkt 2020, 2020)

es in Deutschland in 2021 etwa 33,5 Mio. sozialversicherungs-pflichtig Beschäftigte gibt.

Wenn also in 94 % der Unternehmen Befragungen durchge-führt werden, dürften knapp 31,5 Mio. Beschäftigte entspre-chend befragt werden.

Auch die Ausgaben der Unternehmen hierfür können nur geschätzt werden. Bekannt ist aber, dass in großen, personal-starken Unternehmen leicht sechsstellige Beträge für die Durchführung einer einzigen konzernweiten Befragung er-reicht werden.

Die Fachzeitschrift „Personalwirtschaft" recherchierte die Preisspanne pro befragten Mitarbeitenden zwischen 0,70 und (erstaunlich hohen) 120 EUR.[9] Die meisten Anbieter starten bei 2 bis 7 EUR pro Kopf. Unterstellt man einen Wert von 5 EUR als realistisch, ergäbe sich ein Gesamtvolumen in Deutschland von jährlich mindestens 150 Mio. EUR, wahrscheinlich ist es deutlich mehr.

Weltweit wird der Beratungsmarkt für Mitarbeiterbefra-gungen auf knapp eine Mrd. USD geschätzt, mit einer Wachs-tumsprognose auf 2,1 Mrd. USD bis 2026.[10]

Von vielen Anbietern wird also gutes Geld verdient. Es ist folglich ratsam, sich klarzumachen, dass bei einer Befragung

---

[9] (Personalwirtschaft, Marktcheck Mitarbeiterbefragungen, Dienstleister Mitarbeiterbefragungen, 2015)

[10] (Blueweave Consulting & Research Pvt Ltd., Global Employee Engagement and Feedback Software Market , 2020)

meist auch Dritte beteiligt sind, die (durchaus legitime) eigene (kommerzielle) Interessen haben.

Auch sollte man wissen, dass es keine wissenschaftlichen Belege für die Wirksamkeit solcher Befragungen gibt. Das klingt zunächst erstaunlich. Tatsächlich haben aber die Anbieter offenbar wenig Interesse, diesen Zustand zu verändern oder zu thematisieren.

Forscher der Universität Mannheim haben diesen Aspekt schonungslos offengelegt. Sie stellten bzgl. Mitarbeiterbefragungen fest, dass

> *„trotz der großen Verbreitung und des vielfältigen Einsatzes des Instruments in der Praxis keine wirklich eindeutigen empirischen Belege für dessen Wirksamkeit vorliegen".*[11]

Einen möglichen Grund für den Mangel an konkreten Evaluationsstudien sehen die Mannheimer Forscher darin, dass es an der Bereitschaft der Befragungsanbieter mangeln könnte, die eigenen, teuer verkauften Produkte systematischen Wirksamkeitsanalysen zu unterziehen bzw. diese dann auch zu publizieren, wenn sie damit nicht die erhoffte Wirksamkeit nachweisen können.[12]

---

[11] (Hodapp M., Die Wirksamkeit von Mitarbeiterbefragungen, Universität Mannheim, 2017)

[12] ebenda

Die Anbieter

Wie schon erwähnt, ist die Phalanx der Anbieter auf diesem Gebiet sehr umfänglich und entsprechend unübersichtlich. Entsprechend komplex ist für Unternehmen die Entscheidung, welcher Anbieter für die Durchführung ihres Befragungsvorhabens am besten geeignet ist.

Es gibt zwar einige Anbieter, die fast ausschließlich auf das Durchführen von Mitarbeiterbefragungen spezialisiert und fokussiert sind, aber grundsätzlich kommen die meisten Anbieter von Mitarbeiterbefragungen aus drei sehr unterschiedlichen Expertisefeldern (s. Abb. 2)

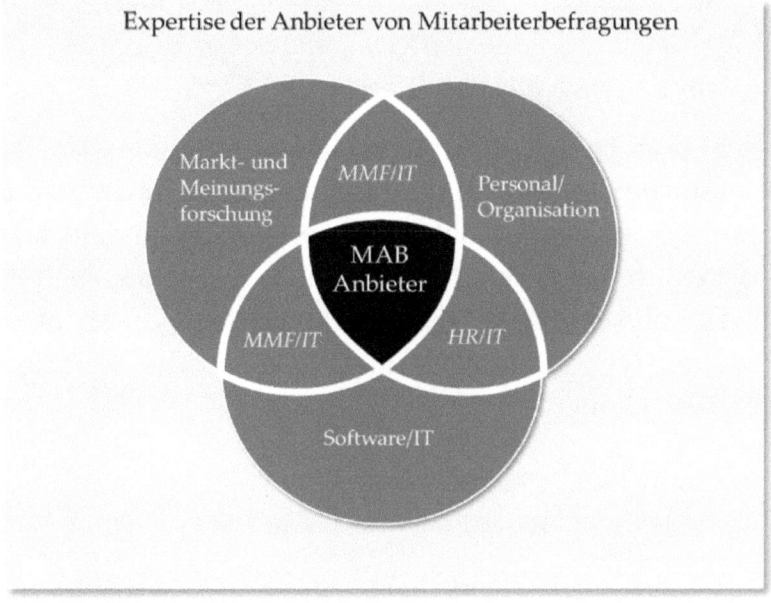

Abbildung 2: Expertise der Anbieter von Mitarbeiterbefragungen

Ein beträchtlicher Teil der Anbieter kommt aus der Markt- und Meinungsforschung. Sie bringen besonders ihr methodisches Wissen und die Erfahrung mit der Befragung von Kunden oder auch der allgemeinen Bevölkerung in dieses spezielle Feld ein. Hierzu gehören Anbieter wie Ipsos, INSA, IfD Allensbach und viele andere mehr.

Eine weitere Gruppe kommt aus der HR-Beratung. Diese Unternehmen bringen insbesondere ihre Kenntnis zu Personalthemen in die Befragungsprojekte ein. Hierzu gehören traditionell Firmen wie Willis Towers Watson und viele andere mehr. In den letzten Jahren haben sich auch sogenannte Headhunter zunehmend für das Thema Mitarbeiterbefragungen interessiert. So haben Korn Ferry durch die Akquisition der Hay Group und Spencer Stuart durch den Kauf von AON Talent Solutions (dann umfirmiert in Kincentric) für sich in den letzten Jahren entsprechend neue Geschäftsfelder aufgebaut.

An Bedeutung gewinnen Anbieter aus der IT und Softwareentwicklung. In einer Zeit, in der mehr und mehr Unternehmen auch auf Echtzeitbefragungen und möglichst hohe Flexibilität setzen, ist die spezielle Expertise, die diese Firmen einbringen, von besonderem Interesse. Hierzu zählen neben vielen anderen IBM Kenexa, Qualtrics, Saba.

Es gibt darüber hinaus auch Anbieter, die sich in Zwischenbereichen der genannten drei Felder positionieren: So verbinden Firmen wie Netigate, Rogator oder Questback Wissen auf dem Gebiet der Marktforschung mit dem aus der Softwareentwicklung. Workday oder Success Factors (SAP)/Semos wiederum verbinden ihren Software-Kern mit HR-Expertise. Starkes

Wachstum verzeichnen auch sogenannte agile Anbieter (wie z.B. SayWay, Team Echo u. v. a. m.) die neben klassischen Befragungen auch Feedbacksysteme als offenen Kanal anbieten, um ein tägliches, wöchentliches oder kontinuierliches Stimmungsbarometer zu erhalten.

Weitere Anbieter bewegen sich auch in ganz eigenen Nischen. Ein Beispiel ist die GPTW Deutschland GmbH (Great Place to Work). Sie ist darauf spezialisiert, bestimmte „Awards" zu vermarkten. Ein Beispiel ist die Zertifizierung bzw. Auszeichnung als „bester Arbeitgeber".

GPTW bietet ihren Kunden an, sie für Preise – je nach Größe der Belegschaft – zwischen 1.500 und 15.000 EUR[13] in „sechs Wochen zum zertifizierten Arbeitgeber" zu machen, inklusive Aufnahme „in eine unserer Besten-Listen".[14]

Andere Awards funktionieren ähnlich, wie etwa „Top Job" oder „Top Arbeitgeber" u. a. m. Hierzu kommentierte das Magazin „Der Spiegel":

> *„diverse Wettbewerbe küren Deutschlands beste Arbeitgeber. Bei jedem gewinnen andere Firmen [...] Jobsuchenden bringen die Rankings wenig. Denn nur wer zahlt, wird überhaupt geprüft."*[15]

---

[13] https://www.greatplacetowork.de/zertifizierung/great-place-to-work-zertifizierung/great-place-to-work-zertifizierung-kosten/(abgerufen 15.3.2021)

[14] https://www.greatplacetowork.de/zertifizierung/great-place-to-work-zertifizierung/(abgerufen 15.3.2021)

[15] https://www.spiegel.de/karriere/arbeitgeber-wettbewerbe-der-club-der-gewinner-a-782019.html (abgerufen 11.3.2021)

Wer sich auf solche Angebote einlässt, erhält als Teil des Prozesses eine Mitarbeiterbefragung mit dazu, die in ihrer Gestaltung zwar begrenzt ist, deren Ergebnisse aber auch für andere Zwecke gebraucht werden können.

An dieser Stelle geht es ausdrücklich nicht darum, eine bestimmte Typologie von Anbietern zu empfehlen. Alle haben ihre Vor- und Nachteile und eine Auftragsvergabe hängt immer sehr stark auch vom Budget, den Gegebenheiten und der Zielsetzung des jeweiligen Unternehmens ab.

Die hier genannten Unterschiede der besprochenen Anbieter zu kennen, ist aber bei der Betrachtung von Befragungsergebnissen von Bedeutung, weil die jeweilige Kernexpertise des Anbieters durchaus sehr unterschiedliche Akzente in der Durchführung und Auswertung der Mitarbeiterbefragung setzen kann.

Externes Reporting (Kapitalmarkt)

Mitarbeiterbefragungen spielen auch in der externen Kommunikation der Unternehmen eine zunehmende Rolle. Eines der ersten DAX-Unternehmen, das seinen sogenannten „Mitarbeiter-Commitment-Index" regelmäßig veröffentlichte, war ab Ende der 1990er Jahre die Deutsche Bank AG.

Inzwischen ist eine derartige Berichterstattung weit verbreitet. Stark befördert wurde dies sicher durch einen rechtlichen Rahmen, der gewisse Veröffentlichungen vorschreibt. Gemäß einer 2014 beschlossenen EU-Richtlinie sind Unternehmen mit Sitz in der EU und mehr als 500 Mitarbeitenden, die im besonderen Interesse der Öffentlichkeit stehen, ausdrücklich verpflichtet, über Nachhaltigkeitsaspekte zu berichten. Die Bundesrepublik Deutschland hat diese Richtlinie im Jahr 2017 in deutsches Recht umgesetzt.

Diese Richtlinien schreiben zwar Mitarbeiterbefragungen nicht explizit vor, alle gängigen ESG-Kriterien fordern aber einen etablierten und formalen Dialog mit den verschiedenen „Stakeholdern" eines Unternehmens. In der Kategorie „Mitarbeitende" bietet sich daher für viele Unternehmen das Instrument der Mitarbeiterbefragung ganz offenkundig an.

So führen ganz unterschiedliche Firmen wie beispielsweise Allianz[16], BMW[17] oder Deutsche Telekom[18] (ebenso wie noch viele andere) in ihren Unternehmensberichten die Mitarbeiterbefragung (und ggf. zusätzliche Puls-Befragungen) explizit als Bestandteil der ESG-Berichterstattung an. Dabei verweisen sie meistens auf das sogenannte Ziel „SDG 8".[19]

Bei den 160 Unternehmen der DAX-Familie ist die Berichterstattung nach SDGs inzwischen weit verbreitet. Da nicht alle SDGs für jedes Unternehmen die gleiche Relevanz besitzen, priorisieren die meisten Unternehmen die SDGs und wählen somit die für sie relevanten SDGs aus. Insgesamt priorisieren 75 % der DAX-Unternehmen die SDGs, über die sie berichten,[20]

---

[16] (Allianz SE, Group Sustainability Report, 2020)

[17] (BMW AG, BMW Group Bericht , 2020)

[18] (Deutsche Telekom AG, Geschäftsbericht, 2020)

[19] SDG steht für „Sustainable Development Goal" und bezieht sich auf die insgesamt 17 von der UN verabschiedeten Nachhaltigkeitsziele für Staaten und Unternehmen. Ziel Nr. 8 ist „menschenwürdige Arbeit und Wachstum".

[20] (Kirchhoff Consulting mit BDO, Quo Vadis? Die Nichtfinanzielle Berichterstattung im DAX, Studie 2020, 2020)

und ebenfalls 75 % berichten dabei nach dem bereits erwähnten SDG 8.[21]

Betrachtet man also die Ergebnisse von Mitarbeiterbefragungen, muss man auch vor Augen haben, dass diese inzwischen auf dem Gebiet der ESG-Kommunikation und damit für den Kapitalmarkt und die Reputation eines Unternehmens grundsätzlich eine wichtige Rolle spielen. Diese wird in den nächsten Jahren voraussichtlich noch kontinuierlich weiter an Bedeutung gewinnen.

Presse

Auch in der Pressearbeit werden Befragungsergebnisse immer wieder genutzt, um bestimmten Interessen Vorschub zu leisten und/oder die Wahrnehmung des Unternehmens aktiv zu beeinflussen.

Airbus, Commerzbank, Deutsche Telekom, Europäische Zentralbank (EZB), HypoVereinsbank und SAP sind nur einige der Organisationen, über deren interne Befragungen im Lauf der Jahre gezielt in der Öffentlichkeit berichtet wurde.

In den Medien widersprachen sich beispielsweise der Vorsitzende des Personalrats und der oberste Personalverantwortliche der EZB in der richtigen Einordnung der Ergebnisse der zweiten Mitarbeiterbefragung.[22]

---

[21] ebenda

[22] https://www.handelsblatt.com/finanzen/geldpolitik/notenbank-aerger-um-ezb-mitarbeiterbefragung-personalrat-beklagt-vetternwirtschaft/21173392.html?ticket=ST-10658256-bwIj5YDAppaTnrl0ZFEW-ap5 (abgerufen 18.7.2021)

Auch die negativen Schlagzeilen über die Commerzbank AG erhielten durch das Thematisieren der Mitarbeiterbefragung immer wieder neue Nahrung. Im Jahr 2011 titelte die FAZ mit Blick auf die Ergebnisse der damaligen Mitarbeiterbefragung[23]

> *„Mitarbeiterbefragung bei der Commerzbank: Misstrauensvotum gegen Blessing[24]“.*

Zehn Jahre später, 2021, titelte das Handelsblatt:

> *„Die allermeisten Commerzbanker blicken pessimistisch in die Zukunft“[25]*

und schrieb dazu:

> *„Die desolaten Ergebnisse einer Mitarbeiter-Umfrage zeigen, dass die Bankvorstände der Belegschaft neue Perspektiven eröffnen und ihr Vertrauen zurückgewinnen müssen.“*

Bei der Deutschen Telekom wurde vom Manager Magazin auf Basis von Befragungsergebnissen schon mal ein „hohes Maß an Verbitterung“ der Mitarbeitenden diagnostiziert,[26] in

---

[23] https://www.faz.net/aktuell/wirtschaft/mitarbeiterbefragung-der-commerzbank-miss-trauensvotum-gegen-blessing-11564490.html (abgerufen 18.7.2021)

[24] Martin Blessing war damals CEO der Commerzbank AG

[25] https://www.handelsblatt.com/finanzen/banken-versicherungen/banken/mitarbeiter-befragung-die-allermeisten-commerzbanker-blicken-pessimistisch-in-die-zu-kunft/26874844.html (abgerufen 18.7.2021)

[26] https://www.manager-magazin.de/digitales/it/a-501847.html (abgerufen 18.7.2021)

der Deutschen Bank sah die FAZ „schlechte Stimmung"[27] und bei EADS machte das Fachmagazin Flug Revue „eine Abstrafung des Arbeitgebers in der Umfrage" aus[28].

Im Jahr 2010 wurde lt. Financial Times Deutschland sogar der plötzliche „Rauswurf" des damaligen CEO der SAP AG, Leo Apotheker, unter anderem mit schlechten Ergebnissen der Mitarbeiterbefragung begründet.[29]

Manchmal lassen sich Ergebnisse von Mitarbeiterbefragungen natürlich auch positiv nutzen. So hieß es über die Deutsche Bank AG im Zusammenhang mit Mitarbeiterbefragungen auch schon, die Stimmung der Mitarbeitenden „helle sich auf"[30] oder die Mitarbeitenden „stehen zu ihrem Institut"[31]. Bei VW wurde festgestellt, die Stimmung „verbessere sich wieder".[32]

In diesem Kontext ist es also wichtig zu bedenken, dass jede, wirklich jede Mitarbeiterbefragung aus den unterschiedlichsten Gründen und Interessenlagen mit ihren Ergebnissen nach

---

[27] https://www.faz.net/aktuell/wirtschaft/unternehmen/mitarbeiterbefragung-schlechte-stimmung-in-der-deutschen-bank-14319482.html (abgerufen 18.7.2021)

[28] https://www.aero.de/news-9136/EADS-Mitarbeiter-strafen-Vorgesetzte-in-Umfrage-ab.html (abgerufen 18.7.2021)

[29] http://www.ftd.de/it-medien/medien-internet/:reaktion-auf-fuehrungswechsel-apotheker (abgerufen 08.02.2010)

[30] https://www.focus.de/finanzen/news/banken-stimmung-deutscher-bank-mitarbeiter-hellt-sich-auf_id_11341176.html (abgerufen 18.7.2021)

[31] https://finanzbusiness.de/nachrichten/banken/article12741575.ece (abgerufen 18.7.2021)

[32] https://www.waz-online.de/Wolfsburg/Volkswagen/Trotz-Corona-Stimmung-unter-VW-Mitarbeiter-nochmals-verbessert (abgerufen 18.7.2021)

außen gelangen kann, auch ohne, dass das Unternehmen über deren Kommunikation die Kontrolle hat.

Auch dieser Aspekt sollte von den Verantwortlichen stets sorgsam bedacht werden, wenn es um die Bewertung und Kommunikation von Befragungsergebnissen geht.

(Innen-)Politische Dimension

Befragungsergebnisse haben schließlich auch immer eine politische Dimension im Unternehmen selbst (und manchmal auch darüber hinaus). Das zeigt die unterschiedliche Art und Weise, wie Ergebnisse immer wieder in die Öffentlichkeit lanciert werden.[33]

Nicht selten stecken dahinter Motive, die mit der internen „Büropolitik" zusammenhängen.[34]

Aber auch ohne Einbeziehung der Öffentlichkeit werden in Unternehmen immer wieder gerne Befragungsergebnisse genutzt, um die eigenen Mühlen mit Wasser zu versorgen oder den internen Wettbewerbern selbiges abzugraben.

Schlechte Ergebnisse werden auch genutzt, um Führungskräfte unter Druck zu setzen und offene Rechnungen zu begleichen.

Schon 1997 warnten Fachleute um Prof. Bungard von der Universität Mannheim davor, dass Führungskräfte „wie

---

[33] s. hierzu auch den vorangegangenen Abschnitt zum Thema „Presse"

[34] s. entsprechenden Abschnitt „Ergebnisse lesen und verstehen" im weiteren Verlauf des Buches

Gladiatoren in eine Arena geschubst werden, um sie dem Fraß der Mitarbeiterbefunde auszusetzen".[35]

Insofern ist es auch von Bedeutung, an welcher Stelle im Unternehmen der Auftrag für eine Befragung gegeben wird bzw. bei wem die Verantwortung für die Durchführung der Befragung liegt.

Am häufigsten kommt nach einer von Kienbaum und Hewitt vor einigen Jahren erstellten Analyse der Auftrag für die Durchführung einer Mitarbeiterbefragung von der Unternehmensleitung, gefolgt von HR.

Manchmal sind die Auftraggeber andere Stabsstellen (z. B. interne Kommunikation, Unternehmensentwicklung) oder sogar die Linie (z. B. Vertrieb, Marketing, Produktion).[36]

Es kann selbst einen Unterschied machen, welches Team innerhalb des Personalbereichs für die Durchführung verantwortlich ist, denn dessen originäre Spezialisierung (z. B. auf Change-Management) wird die Herangehensweise beeinflussen.

Bei der Betrachtung von Befragungsergebnissen lohnt sich also auch immer eine Reflexion über die „innenpolitische" Interessenlage derer, die die Durchführung verantworten und Auswertungen, Präsentationen und insbesondere die „Story Line" erstellen.

---

[35] (Bungard, Jöns, Schulz-Gambard, Sünden bei Mitarbeiterbefragungen – Zusammenfassung der wichtigsten Fehler und Fallgruben, Mannheimer Beiträge 1/97, 1997)

[36] (Kienbaum / Hewitt, Mitarbeiterbefragungen – Die Trends, 2008)

Rahmenbedingungen

Es wäre ziemlich blauäugig davon auszugehen, dass eine Befragung von Mitarbeitenden eine klinische Übung ist. Bevor überhaupt Ergebnisse zustande kommen können, werden an verschiedensten Stellen schon Weichen gestellt, die genau diese Ergebnisse beeinflussen werden.

Das ist per se weder gänzlich vermeidbar noch negativ, es muss nur berücksichtigt und bedacht werden, wenn es daran geht, später aus den Ergebnissen verbindliche Schlussfolgerungen zu ziehen.

Befragungsarten

Es ist für das Verständnis der Ergebnisse einer Befragung keineswegs unerheblich, was für eine Befragung durchgeführt worden ist. Da ist zuallererst natürlich die Frage, um welchen Typ von Befragung es sich handelt.

Ist es eine allgemeine, umfassende und damit generische Mitarbeiterbefragung oder eine Ad-hoc-Befragung zu einem ganz bestimmten Themenkomplex oder Projekt?

Spezifische Befragungen

Im letzteren Fall werden die Erwartungen der Mitarbeitenden und damit auch die Bereitschaft, teilzunehmen bzw. offen und ehrlich zu antworten, von den Umständen des jeweiligen Projekts und Themenkomplexes geprägt sein.

Egal ob eine Umgestaltung der Arbeitsplätze (z. B. im Rahmen von „Agile working"- oder „New working"-Initiativen), die Neuausrichtung der Kantine oder andere spezifische Maßnahmen das Thema sind, Mitarbeitende werden bei solchen konkreten Anlässen für sich stets zuallererst die Frage stellen, welche subjektiv empfundenen Bedrohungen darin für sie ganz persönlich lauern, oder im zweiten Schritt auch, welche Chancen sie für sich sehen.

Diese ganz persönliche Risiko- und Chancenanalyse wird das Teilnahme- und Antwortverhalten prägen, ggf. auch die Erwartung, das Projektergebnis im Sinne der eigenen Interessen tatsächlich noch beeinflussen zu können.

Allgemeine Befragungen

Bei allgemeinen Befragungen sind die Erwartungen natürlich nicht ganz so spezifisch, dennoch ergibt sich auch in diesem Fall eine Nutzenüberlegung. Hier spielt dann eher eine Rolle, inwieweit das Gefühl besteht, die Befragung sei dem Topmanagement wichtig.

Ebenfalls ist bedeutsam, inwieweit Mitarbeitende das Gefühl vermittelt bekommen, dass sie klar und transparent über die Ziele der Befragung informiert worden sind und dass seitens des Unternehmens eine (gewisse) Bereitschaft besteht, Input auch ernst zu nehmen und eine entsprechende Veränderung zumindest zuzulassen.

Haben Mitarbeitende in etwaigen früheren Befragungen gegenläufige Erfahrungen gemacht, kann das zu Zynismus gegenüber der aktuellen Befragung führen. Solche

Empfindungen münden nach meiner Erfahrung aber nicht zwangsläufig in einer Nichtteilnahme.

Es scheint auch nicht so zu sein, dass die Selbstselektion der Mitarbeitenden (sie entscheiden ja selbst über ihre Teilnahme oder Nichtteilnahme) zu einer Verzerrung der Ergebnisse führt. Laut einer Studie der Universität Mannheim sind die Korrelationen zwischen der Teilnahme und den jeweils gemessenen Konstrukten allenfalls klein.[37]

Art der Durchführung

Für das Verständnis der Ergebnisse einer Befragung ist es auch keineswegs unerheblich, wie eine Befragung durchgeführt worden ist. Dabei geht es nicht um die Frage, ob an der einen oder anderen Stelle handwerkliche Fehler gemacht worden sind, die ein Ergebnis verfälschen können. Solche Fehler sind immer möglich, aber bei professionell durchgeführten Befragungen sicher nicht die Regel.

Das „Wie" beinhaltet eine ganze Reihe von Variablen, die den Verlauf beeinflussen und beim Lesen der Ergebnisse berücksichtigt werden müssen. Sie sollen nachstehend etwas näher betrachtet werden.

---

[37] (Hodapp M., Die Wirksamkeit von Mitarbeiterbefragungen, Universität Mannheim, 2017)

Zeitpunkt und Dauer

Der Zeitpunkt einer Befragung kann theoretisch völlig frei gewählt werden. Aber wohl kein Unternehmen wird freiwillig den Zeitraum Dezember bis Februar mit Feiertagen und westlichem und chinesischem Jahreswechsel wählen. Dennoch kommt es vor, dass Befragungen (besonders bei global agierenden Unternehmen) zumindest in bestimmten Regionen in Urlaubszeiten oder Schulferien fallen und damit nicht die volle Aufmerksamkeit der Belegschaft bekommen.

Auch kann es sein, dass der Zeitpunkt in stressreiche oder emotional aufgeladene Phasen des Geschäftsjahres fällt. Solche Ereignisse können etwa die Vorbereitungen zum Jahresabschluss sein oder die Gehaltsüberprüfungsphase bzw. (zumindest in manchen Branchen) die sogenannte Bonusrunde.

Führen Unternehmen Befragungen regelmäßig durch, ist es für eine bessere Vergleichbarkeit der Daten und damit Identifizierung von Trends ratsam, die Befragung stets zum gleichen Zeitpunkt im Jahr anzusetzen. Problematisch wird es, wenn in einem Jahr zu einem solchen Zeitpunkt ein firmeninternes Sonderereignis (z. B. Akquisition, Umstrukturierung) stattfindet.

Es besteht dann grundsätzlich die Option, die Befragung trotzdem durchzuführen oder sie auf einen späteren Zeitraum zu verschieben (bzw. in einem Jahr ganz ausfallen zu lassen). Beide Varianten haben Vor- und Nachteile und beeinflussen natürlich die Ergebnisse.

Keine derartige Handlungsoption haben Unternehmen, wenn ein Sonderereignis unvorhergesehen (meist von außen) in den Befragungszeitraum platzt. Dies kann der plötzliche Abgang einer Topführungspersönlichkeit sein ebenso wie eine unvorteilhafte Presseveröffentlichung (es muss ja nicht gleich immer Wirecard sein). Darauf wird an anderer Stelle nochmals näher eingegangen.

Auch die Dauer des Befragungszeitraums ist nicht ganz unerheblich, sofern es sich nicht um Echtzeit-Dauererhebungen handelt. Haben Unternehmen komplizierte Schichtmodelle (z. B. Airlines) und/oder Berufsbilder, bei denen Mitarbeitende über längere Zeiträume nicht im Firmennetz erreichbar sind (z. B. bei Montageeinsätzen), kann ein zu kurz gewählter Zeitraum bestimmte Gruppen strukturell von einer Teilnahme an der Befragung ausschließen.

Fragebogen

Generell kann man davon ausgehen, dass ein Fragebogen bei einer Mitarbeiterbefragung professionell gestaltet ist. Übersichtlich im Layout, angemessen in der Länge und mit klar formulierten, relevanten Fragen.

Aber ein Unternehmen muss richtigerweise auch Kosten und Nutzen abwägen und bei der Konzeption des Fragebogens viele unterschiedliche interne Interessen der sogenannten Stakeholder unter einen Hut bringen.

Deshalb entspricht eine betriebliche Mitarbeiterbefragung selten höchsten wissenschaftlichen Standards.

So können allerdings leicht Ausstrahlungs- oder Halo-Effekte entstehen, die die Antworten signifikant verzerren. Beispielsweise kann nicht nur die Formulierung von Fragen, sondern auch deren Reihenfolge Einfluss auf ihre Interpretation und Bewertung durch die Befragten haben. Fragen können den Kontext für nachfolgende Fragen bilden, da sich Befragte bei der Beantwortung von Folgefragen an vorhergehenden Fragen bzw. zuvor gegebenen Antworten orientieren.[38]

Der Aufwand, derartige Aspekte konsequent zu berücksichtigen, wird bei kommerziellen Mitarbeiterbefragungen aus den genannten Gründen eher selten betrieben.

In der Praxis schwerwiegender ist bei international tätigen Unternehmen die Frage der Verfügbarkeit mehrerer Sprachversionen.

Grundsätzlich sollte es immer das Ziel sein, allen potenziellen Befragten eine Version in ihrer jeweiligen Muttersprache anzubieten. Nur dann kann zweifelsfrei gewährleistet werden, dass Befragte die Fragen semantisch auch wirklich korrekt verstehen. Diverse Studien zeigen auch, dass die Bereitschaft von Mitarbeitenden, an einer Befragung teilzunehmen, steigt, wenn sie diese in ihrer jeweiligen Muttersprache durchführen können.[39]

In der Praxis ist dieser Anspruch aufgrund einer häufig weltweit verteilten Belegschaft aus Zeit- und Kostengründen oft nicht zu erfüllen, da ansonsten nicht selten Dutzende von Sprachen erforderlich wären, viele davon für relativ kleine Populationen.

---

[38] (Bogner K., Landrock U., Antworttendenzen in standardisierten Umfragen, GESIS – Leibniz Institut für Sozialwissenschaften, 2015)

[39] (Thielsch M. T., Weltzin S., Online-Befragungen in der Praxis in Praxis der Wirtschaftspsychologie Verlagshaus Monsenstein und Vannerdat OHG Münster, 2009)

Die gewählte Lösung ist in der heutigen globalisierten Welt dann aber oft, den Fragebogen lediglich auf Englisch und in der jeweiligen Heimatsprache des Unternehmens (also Deutsch für Unternehmen aus Deutschland) anzubieten.

Es liegt auf der Hand, dass die Ergebnisse aus Ländern, in denen Englisch (bzw. ggf. die Sprache des Heimatlandes der Firma) nicht so selbstverständlich gesprochen wird, nicht die gleiche Qualität aufweisen werden, wie etwa die aus den USA, Großbritannien, Deutschland oder auch Skandinavien und den Niederlanden, wo die meisten Menschen sehr gut Englisch sprechen.

Zu den Ländern, in denen viele Mitarbeitende mit Englisch gewisse Probleme haben, zählen so große Volkswirtschaften wie China und Spanien, aber auch Frankreich, Italien und Japan, alle immerhin G7-Länder (s. Abb. 3).[40]

Beachtet werden sollte auch, dass es bei der Sprachkompetenz nicht nur länderspezifische Unterschiede gibt, sondern auch solche nach Branchen.

---

[40] (EF, English Proficiency Index 2020, 2021)

Sprachkompetenz Englisch weltweit (Auswahl)

sehr hoch	hoch	mittel	schwach	sehr schwach
Niederlande	Schweiz	Italien	Japan	Kolumbien
Finnland	Polen	Spanien	Indien	Ägypten
Dänemark	Griechenland	China	Indonesien	Mexiko
Schweden	Philippinen	Russland	Pakistan	Algerien
Norwegen	Argentinien	Südkorea	Brasilien	Saudi Arabien
Deutschland	Estland	Malaysia	VAE	Thailand
Singapur	Ungarn	Frankreich	Marokko	Ecuador

Quelle: EF – English Proficiency Index 2020

Abbildung 3: Sprachkompetenz Englisch weltweit

Während weltweit Mitarbeiter im Consulting, in der IT und in FMCG[41] über sehr gute englische Sprachkompetenzen verfügen, sind sie in der produzierenden Industrie, in der Gesundheitsbranche und im Bildungswesen sehr schwach ausgeprägt.[42]

Es ist also aus den genannten Gründen durchaus möglich, dass die Qualität der Ergebnisse von weltweiten Befragungen de facto sehr viel heterogener ausfällt, als es zunächst den Anschein hat.

Hierauf deuten auch Forschungsergebnisse der Universität Melbourne. Danach neigen Befragte, deren Muttersprache nicht Englisch ist, stärker zur Auswahl mittlerer Skalenwerte, während Befragte bei Fragebögen in ihrer jeweiligen

---

[41] Fast Moving Consumer Goods (Konsumgüter des täglichen Bedarfs, welche der Kunde häufig einkauft und ständig auch verbraucht)

[42] (EF, English Proficiency Index 2020, 2021)

Muttersprache zur Ausschöpfung des vollen Spektrums der Antwortskala neigen.[43]

Anonymität

Die Sicherstellung der Anonymität für die Befragten wird bei den meisten Befragungen zugesichert und oft auch als ein Grund angeführt, warum Unternehmen externe Anbieter mit der Durchführung beauftragen.

Auch hier lohnt allerdings ein genauerer Blick, da erfahrungsgemäß die volle Anonymität weder bei der Erhebung noch bei der Auswertung wirklich selbstverständlich ist.

a) Erhebung

Bei der Erhebung der Daten gibt es de facto drei Varianten, bei denen tatsächlich eine volle Anonymität für die Befragten faktisch gegeben ist. Dies sind:

1. Online-Befragungen mit zufällig generierten Zugangscodes
2. Online-Befragungen mit einem einzigen für alle Teilnehmenden gleichen Zugangslink und ohne Speicherung von IP-Adressen (ist allerdings teilnehmerseitig missbrauchsanfällig)
3. Papierfragebögen (nicht mehr sehr häufig, aber immer noch existent), die nicht kodiert sind, und/oder die zufällig verteilt werden.

---

[43] (Harzing A., Response Styles in Cross-National Survey Research: A 26 Country Study, Journal of Cross-Cultural management, 2006)

Aus Sicht der durchführenden Unternehmen bergen diese anonymen Befragungsformen allerdings einige praktische Nachteile, sodass gerne auf etwas weniger anonyme Durchführungsarten zurückgegriffen wird.

Eine solche Variante ist die sogenannte anonymisierte Erhebung, bei der zwar tatsächlich ein gewisser Bezug zur Einzelperson besteht, dieser aber durch entsprechende Maßnahmen datenschutzkonform geschützt wird.

Klassisches Beispiel hierfür ist die Online-Befragung, zu der per E-Mail eingeladen wird. Jede Einladung enthält einen personalisierten Zugangslink zum Fragebogen, der per Zufallsgenerator erzeugt wird. Es besteht also zunächst eine klare Verknüpfung zwischen E-Mail-Adresse, Zugangslink und Antworten der teilnehmenden Person. Erst später – also nach Ausfüllen des Fragebogens – wird durch datentechnische Maßnahmen für eine Trennung und dann (Pseudo-)Anonymisierung des entsprechenden Datensatzes gesorgt.

Einigen Unternehmen ist auch das noch nicht genug. Zunächst aus den USA kam schon vor einigen Jahren der Trend, individuelle Zugangslinks der Teilnehmenden im Hintergrund mit persönlichen Daten (wie etwa Geschlecht, Alter, Organisationseinheit, Position etc.) aus dem HRIS zu verknüpfen.

Nach einer Erhebung der Beratungsfirma Willis Towers Watson machen in Deutschland mehr als die Hälfte der Unternehmen von dieser Möglichkeit Gebrauch.[44]

---

[44] (Willis Towers Watson, Befragungsmonitor, 2020)

Dies hat zwar primär das erklärte Ziel, die Datenqualität zu verbessern und eine direkte Verknüpfung der Antworten mit diesen Daten zu ermöglichen, tatsächlich werden aber damit Anonymität oder Anonymisierung unmöglich gemacht.

Letztlich können dann lediglich noch die Professionalität und Vertraulichkeit des externen Anbieters die Teilnehmenden vor ungewollter Identifizierung schützen. Dessen Seriosität und Unabhängigkeit kommt dann besondere Bedeutung zu.

b) Auswertung

Anonymität muss auch in der Auswertung sichergestellt werden. Hier liegt die potenzielle Gefahr weniger darin, einen direkten Bezug zu teilnehmenden Personen herzustellen, sondern durch Kombination von Merkmalen Rückschlüsse auf Mitarbeitende zuzulassen oder herzustellen.

Es gibt bei der Auswertung eine Reihe von (beliebten bzw. für Unternehmen verlockenden) Praktiken, die einer Anonymisierung entgegenstehen:

- übermäßige Erhebung von soziodemographischen Daten
- zu geringe Datenaggregation
- zu niedrige (oder gar keine) Mindestauswertungsgrenze[45]

---

[45] Die Mindestauswertungsgrenze ist die Anzahl an Antworten, die mindestens vorliegen muss, damit ein Ergebnis ausgewiesen wird. Die Anzahl variiert je nach Unternehmen meistens zwischen 5 und 30. Die Festlegung dieser sogenannten Anonymitätsgrenze auf Einheiten- und Fragenebene hängt von der Unternehmensstruktur und der typischen Teamgröße ab. Der Bundesverband Deutscher Markt- und Sozialforscher e. V., empfiehlt eine Grenze von 8.

- Differenzbildung[46]
- Kreuzauswertungen[47].

Bestehen bei den Mitarbeitenden (egal ob berechtigt oder nicht) Zweifel an der Anonymität, kann dies nicht nur die Beteiligungsquote negativ beeinflussen, sondern auch dazu führen, dass Befragte ein sog. „sozial erwünschtes" Antwortverhalten zeigen. Die Ergebnisse werden dann im Sinne des Unternehmens positiver ausfallen, als es der Realität entspricht.

Skala

Die Fragen einer Mitarbeiterbefragung sind genau genommen meistens gar keine Fragen. Vielmehr werden Aussagen formuliert, zu denen Mitarbeitende dann ihre Ablehnung oder Zustimmung auf einer Skala ausdrücken sollen. Das klingt nicht kompliziert, ist es an und für sich auch nicht. Dennoch kann auch die Wahl der Skala die Ergebnisse beeinflussen.

Am gebräuchlichsten bei Mitarbeiterbefragungen sind Skalen mit fünf oder sechs Stufen. Externe Anbieter bieten meist nur eine Variante an, weil das Bereitstellen mehrerer Skalenvarianten sehr aufwendig und damit für sie unökonomisch ist.

Zwar gibt es in der Forschung keine eindeutige Empfehlung für die eine oder andere Variante, dennoch besteht weitgehend Einigkeit, dass die Wahl der Skala durchaus einen Unterschied für die Ergebnisse macht.

---

[46] Aufgrund einer Mindestauswertungsgrenze ausgeblendete bzw. nicht ausgewertete Einheiten werden durch Differenzbildung doch noch ausgerechnet.

[47] Antworten werden mit verschiedenen soziodemographischen Daten und/oder anderen Daten (z. B. Performance) ausgewertet.

Anhänger der 5er-Skala argumentieren, deren klarer Vorteil sei, dass sie einen mittleren Wert besitze, den Teilnehmer wählen können, wenn sie einem Thema neutral gegenüberstehen.

In diversen Studien wurde allerdings festgestellt, dass Befragte den Mittelpunkt der Skala nicht nur wie erwünscht im Falle einer mittleren bzw. neutralen Einstellung wählen, sondern auch aus anderen Gründen, wie etwa der sozialen Erwünschtheit.[48]

Ohne eine Option in der Mitte der Skala wurde aber auch beobachtet, dass Befragte häufiger das positive Ende der Skala wählen, was zu systematisch falsch positiv verzerrten Daten führt (Halo-Effekt).[49]

Verfechter der 6er-Skala hingegen führen an, sie habe den Vorteil, dass sie Befragte dazu bewege, zu allen Fragen zumindest eine (leicht) positive oder negative Tendenz einzunehmen. Damit werde vermieden, dass die Auswahl der mittleren Option durch Befragte eine Mischung von Daten darstelle, die weitgehend nicht interpretierbar sei.

Durch den Mittelpunkt der Skala – so das Argument weiter – würden sich etwa 20 % der Befragten fälschlicherweise zu „Zauderern" machen lassen, obwohl sie eigentlich eine Position einnehmen. Durch die falsche Wahl der Skala gehe deren

---

[48] (Menold N., Bogner K., Gestaltung von Ratingskalen in Fragebögen, GESIS – Leibniz-Institut für Sozialwissenschaften, 2015)

[49] ebenda

Meinung weitgehend verloren.[50] Damit habe das Ergebnis geringere Aussagekraft.

Beide Optionen haben tatsächlich Vor- und Nachteile. Die meisten Anbieter offerieren allerdings die 5er-Skala, weshalb sie in Unternehmen stärker verbreitet ist.

Eine weitere Problematik entsteht im Laufe der Zeit, wenn Unternehmen den Anbieter wechseln (wollen). Historische Daten sind dann nur sehr schwer vergleichbar. Auf diesen Aspekt wird in einem späteren Abschnitt des Buchs noch näher eingegangen.

Geschäftsverlauf

Einer der gängigsten Allgemeinplätze im Zusammenhang mit Mitarbeiterengagement ist, dass engagierte Mitarbeitende für bessere Ergebnisse sorgen.

Diese Behauptung wird kaum hinterfragt und gerne auch von Anbietern solcher Befragungen als Verkaufsargument genutzt. Die Fachzeitschrift „Human Resources Manager" etwa titelte unter Bezug auf eine Beratungsgesellschaft:

„Unternehmen mit engagierten Mitarbeitern geht es finanziell besser"[51]

Eine Befragung bezahle sich praktisch von selbst, so die Argumentation.

---

[50] (Oehler K., What's Your Point? The Importance of Response Scales for Employee Survey Measurement Accuracy and Decisions, AON Hewitt, 2014)

[51] https://www.humanresourcesmanager.de/news/wie-mitarbeiterengagement-zum-unternehmenserfolg-beitraegt-sponsored-glint.html (abgerufen 20.7.2021)

Die ganze Wahrheit ist das allerdings nicht. Es besteht zwar häufig tatsächlich eine statistische Korrelation zwischen guten Geschäftsergebnissen und hohem Mitarbeiterengagement.

Eine Korrelation ist aber bekanntlich noch keine Kausalität. Es könnte bei dieser Datenlage genauso gut sein, dass gute Geschäftsergebnisse positiv auf das Engagement wirken bzw. theoretisch auch, dass es noch dritte Faktoren gibt, die beides steigern oder senken.

In der Tat deuten entsprechende Studien darauf hin, dass diese gerne unterstellte Kausalität so gar nicht existiert. So kam das Center for Advanced Human Resources Studies zu dem Schluss:

> *„Einem Großteil der Literatur, die die positiven Auswirkungen von Engagement auf die Unternehmensergebnisse preist, fehlt die empirische Stringenz, um tatsächlich zu beweisen, dass Engagement dafür verantwortlich ist."*[52]

Es gibt viel mehr Untersuchungen, die nahe legen, dass gute Ergebnisse das Engagement steigern.[53] Wenn es eine signifikante Korrelation zwischen Engagement und Produktivität gibt, dann ist es so, dass das Engagement als Folge guter Ergebnisse steigt und nicht umgekehrt.[54]

---

[52] (Dicke, C., Holwerda, J., & Kontakos, A. Employee Engagement: What Do We Really Know? What Do We Need to Know to Take Action? Center for Advanced Human Resources Studies, 2007)

[53] (Judge, T. A., Thoresen, C. J., Bono, J. E., & Patton, G. K.. The job satisfaction – job performance relationship: A qualitative and quantitative review. Psychological Bulletin, 2001)

[54] ebenda

Mitarbeitende fühlen sich gern als Teil eines erfolgreichen Teams bzw. Unternehmens. Das motiviert sie. Auswertungen diverser Projekte, an denen der Autor beteiligt war, deuten im Übrigen darauf hin, dass nicht nur positive Geschäftsergebnisse motivieren, sondern mehr noch die Erwartung zukünftiger Geschäftserfolge.

Dies bestätigt auch eine Studie von Payscale. Danach ist der geschäftliche Ausblick für den eigenen Arbeitgeber der stärkste Treiber von Zufriedenheit und Verbleibeabsicht der Mitarbeitenden.[55]

Werden also zum Zeitpunkt einer Befragung die zukünftigen Geschäftsergebnisse von den Mitarbeitenden als positiv wahrgenommen und/oder erwartet, dürften die Ergebnisse der Befragung deutlich positiver ausfallen, als wenn dies nicht der Fall ist.

Verknüpfung mit Performance-Management

Nicht selten beinhaltet das Performance-Management Ziele, die die Steigerung des Mitarbeiterengagements zum Gegenstand haben und/oder daran gemessen werden. Sehr oft besteht dann auch eine direkte Verbindung zu variablen Vergütungskomponenten.

Immerhin ein gutes Drittel der DAX-30-Unternehmen weist Mitarbeiterzufriedenheit als ein Ziel im Vergütungsmanagement der Vorstände aus[56] und es darf vermutet werden, dass

---

[55] (Wolock T., Martin C., The Formula for a Winning Corporate Culture, Payscale, 2018)

[56]   https://www.personalwirtschaft.de/produkte/archiv/archiv/magazin/ausgabe-2-2018/0:8024064.html (abgerufen 21.7.2021)

eine solche Konstellation in vielen Unternehmen in der Hierarchie dann nach unten kaskadiert wird.

Ist das Engagement der Mitarbeiter aber vergütungsrelevant, bekommt eine Mitarbeiterbefragung eine ganz andere Relevanz und Dynamik bei den Führungskräften. Die Erhöhung der Relevanz für Führungskräfte ist grundsätzlich auch so intendiert, aber gewünscht sind dabei natürlich andere Effekte.

Sobald die Befragungen mit dem Performance-Management oder sogar der Bezahlung verknüpft werden, ist die Versuchung für Führungskräfte eben sehr groß, die Ergebnisse in ihrem Sinn zu beeinflussen und entsprechend auf das Antwortverhalten der Mitarbeitenden einzuwirken.

Solche Verhaltensweisen sind logischerweise kaum dokumentiert, Schilderungen dazu sind aber immer wieder auf Arbeitgeber-Bewertungsportalen wie beispielsweise Glassdoor oder Kununu zu finden.[57] Selbst über direkte Manipulationsversuche wurde aus Deutschland schon berichtet.[58]

Letzteres ist sicher eine Ausnahme. Dennoch bemerken Mitarbeitende natürlich alle derartigen Zusammenhänge und werden dann verstärkt taktisch an eine Befragung herangehen. Wenn in einem Unternehmen also solche Verknüpfungen

---

[57] Beispielhaft wegen der ausführlichen Schilderung: https://www.glassdoor.co.in/Reviews/Employee-Review-Far-East-Organization-RVW28160065.htm (abgerufen 8.2.2021)

[58] https://www.businessinsider.de/wirtschaft/manipulationsaffaere-bei-der-deutschen-post-fuehrungskraefte-frisierten-mitarbeiterbefragung/(abgerufen 5.2.2021)

bestehen, sollte das beim Blick auf die Ergebnisse unbedingt mit gesehen werden.

Das Modell

Wenn es nicht um Ad-hoc-Umfragen oder Echtzeitstimmungsbilder geht, liegt vielen Befragungen ein Modell oder Konstrukt zugrunde, mit Hilfe dessen die Anbieter das Engagement der Mitarbeitenden messen wollen.

Obwohl es in allen Fällen um Engagement oder Commitment geht, kann die Ausgestaltung der Modelle doch im Detail sehr unterschiedlich ausfallen. Auch die Wahl des Modells hat daher entsprechende Auswirkungen auf die Ergebnisse. Auch hier lohnt deshalb ein genauerer Blick.

Gründe für die Entwicklung

Immer noch sprechen viele Führungskräfte im Zusammenhang mit Befragungen von Mitarbeiterzufriedenheit. In früheren Jahren ging es bei Mitarbeiterbefragungen häufig tatsächlich um die Zufriedenheit. Im Lauf der Zeit setzte sich aber bei den meisten Unternehmen die Erkenntnis durch, dass Mitarbeitende durchaus auch aus Gründen zufrieden sein können, die nicht im besten Unternehmensinteresse liegen.

Die meisten Befragungen zielen deshalb inzwischen darauf, ein (teilweise unterschiedlich) definiertes „Engagement" zu messen. Meistens geht es dabei irgendwie um emotionale Bindung und Stolz, sowie die Bereitschaft, individuelle Höchstleistung einzubringen und den eigenen Arbeitgeber weiterzuempfehlen. Einschlägige Anbieter von Befragungen haben hierzu unterschiedliche Modelle entwickelt, die Einzigartigkeit suggerieren und mit denen sie gut verdienen.

Der Vorzug solcher Modelle ist u. a., dass mit ihrer Hilfe ein gesamthafter Index berechnet werden kann, der das komplexe Konstrukt „Engagement" in einer Zahl ausdrücken soll. Das lässt sich dann gut in der externen Kommunikation nutzen.

So weisen beispielsweise die Konzerne BASF, Deutsche Telekom und Lufthansa in ihrer externen Berichterstattung einen „Engagement-Index" aus, Allianz und SAP einen „Employee Engagement Index (EEI)", die Deutsche Bank einen „Commitment-Index".[59]

Wenngleich die meisten dieser Indices sich tatsächlich potenziell zwischen 0 und 100 bewegen, sind sie dennoch nicht einmal ansatzweise untereinander vergleichbar, weil eben unterschiedliche Modelle dahinterstehen.

Gängige Modelle

Es gibt kaum eine einschlägige Beratungsgesellschaft, die nicht ein Modell zur Messung des Mitarbeiterengagements hätte. Es wäre unmöglich (und für die Zwecke dieses Buches auch nicht zielführend), sie alle aufführen zu wollen.

Es soll nur anhand einiger weniger Beispiele gezeigt werden, wie unterschiedlich die Ansätze sind, obwohl es jeweils um Mitarbeiterengagement geht. Dementsprechend anders können auch die Ergebnisse ausfallen.

---

[59] Quelle: jeweils aktuelle Unternehmensangaben (Stand: Juli 2021)

Deloitte – Die HR-Beratungssparte von Deloitte hat unter maßgeblicher Beteiligung von Josh Bershin ein Engagement-Modell entwickelt, das darauf abzielt, eine Organisation als „unwiderstehlich" zu positionieren. Danach fügen sich fünf Hauptelemente (Sinn der Tätigkeit, Führung, Arbeitsumfeld, Karriere und Entwicklung, Vertrauen in die Organisation) mit 20 Unterfaktoren zu einem System des Engagements zusammen, das durch die Kultur zusammengehalten wird.

Gallup – Das Befragungsinstitut ist mit seinem jährlich publizierten „Global Engagement Index" recht gut bekannt. Die von Gallup durchgeführten Befragungen folgen dem sogenannten Q12-Modell. Dabei wird mit zwölf Fragen der Grad der emotionalen Bindung von Mitarbeitenden an ihren Arbeitgeber ebenso erfasst wie ihre Einstellung zur Arbeit und ihrem Umfeld. Gallup ist der Meinung, dass Engagement durch den richtigen Job-Fit, gepaart mit herausragender Führung entsteht. Keine Rolle spielen für Gallup beim Engagement die Kommunikation oder die Absicht zu bleiben.

IBM Kenexa – Das Engagement-Modell von IBM stammt von dem vor einigen Jahren übernommenen Beratungsunternehmen Kenexa. Es definiert Engagement als ein Zusammenspiel von fünf Faktoren: Zugehörigkeit (sich als Teil eines Teams, einer Gruppe oder einer Organisation fühlen), Sinnhaftigkeit (das Verständnis, warum die eigene Arbeit wichtig ist), Leistung (Gefühl der Erfüllung bei der Arbeit), Glück (positive Gefühle, die in und um die Arbeit entstehen) und Vigor (das Vorhandensein von Energie und Enthusiasmus bei der Arbeit).

Korn Ferry – Korn Ferry setzt das von der vor einigen Jahren akquirierten Hay Group entwickelte Modell ein. Demnach wird einerseits das Engagement erhoben, das sich zusammensetzt aus dem Commitment und der Bereitschaft, die „Extrameile" zu gehen, und andererseits das Enablement (Befähigung, sich einbringen zu können). Wiederum geht es um zwei Aspekte: der richtige Einsatz der Fähigkeiten der Einzelperson und die Bereitstellung eines leistungsfördernden Umfeldes. Insgesamt werden auch hier neun Fragen gestellt.

Mercer – Das von der Unternehmensberatung Mercer entwickelte Engagementmodell geht von drei Faktoren aus: Leistung, Zugehörigkeit und Fairness. Demnach sind Mitarbeitende dann engagiert, wenn sie die Möglichkeit erhalten, Leistung zu erbringen (und dafür anerkannt werden) sowie positive Beziehungen zu pflegen und fair behandelt werden.

Netigate – Engagement wird von Netigate anhand zweier Gesamtindizes gemessen: zum einen das Engagement der Mitarbeiter am Arbeitsplatz, basierend auf drei Fragen/Aussagen, und zum anderen die Fähigkeit der Arbeitgeber, entsprechende Bedingungen für das Engagement am Arbeitsplatz zu schaffen. Hierzu gibt es 27 Fragen aus fünf Bereichen. Netigate ergänzt sein Modell noch durch einen zusätzlichen Index, der die Nachhaltigkeit des erhobenen Engagements misst.

Spencer Stuart – Über die Tochtergesellschaft Kincentric bietet Spencer Stuart Befragungen nach einem Modell an, das noch aus der Entwicklung der übernommenen AON-Hewitt-Organisation stammt. Kern ist die Überzeugung, dass Engagement aus drei Komponenten besteht: dass Mitarbeitende positiv über das Unternehmen und seine Führung berichten, dass sie bereit sind, zu bleiben, und dass sie sich bemühen, ihr Bestes zu geben. ("Say, Stay, Strive"). Dies wird mit sechs Fragen erhoben.

Willis Towers Watson – Die Beratung Willis Towers Watson (WTW) hat ein Modell im Angebot, das auf der Arbeit der 2003 übernommenen Firma ISR aufbaut. Für WTW setzt sich „nachhaltiges Engagement" aus drei Facetten zusammen. Die erste ist die rationale und emotionale Verbundenheit der Mitarbeitenden mit dem Unternehmen und die Bereitschaft, sich für das Unternehmen zu engagieren ("Think, Feel and Act"-Modell). Der zweite Faktor ist das Ausmaß, in dem die Mitarbeitenden die Werkzeuge und Ressourcen haben, die sie für ihre Arbeit benötigen, der dritte Faktor misst, ob die Mitarbeitenden energetisiert sind, einschließlich ihres körperlichen, zwischenmenschlichen und emotionalen Wohlbefindens bei der Arbeit ("well-being"). WTW setzt hierzu neun Fragen ein.

Es gibt – wie schon erwähnt – noch viele andere derartige Modelle. Die o. g. Auswahl ist illustrativ für die am Markt bestehende Vielfalt und soll und kann weder eine Wertung noch eine Empfehlung darstellen.

Unvorhergesehene Ereignisse

Geht es um mehr oder weniger geplante Firmenereignisse wie eine Akquisition oder eine Umstrukturierung, besteht die Möglichkeit zu entscheiden, wie man die Wechselwirkungen mithilfe einer geplanten Befragung einschätzt und welche Konsequenzen man daraus zieht.

Anders verhält es sich bei plötzlichen und unerwarteten Ereignissen, die die Firma so stark betreffen, dass Mitarbeitende davon während einer bereits (an)laufenden Befragung berührt und womöglich sogar von Kunden, Freunden und Familie darauf angesprochen werden.

Das können beispielsweise negative Presseberichte über das Unternehmen sein oder auch der plötzliche Tod des Eigentümers oder des CEO oder auch dessen unerwartetes Ausscheiden aus dem Unternehmen. Solche Situationen können die Ergebnisse einer in einen solchen Zeitraum fallenden Befragung massiv beeinflussen.

Dass dies keine rein theoretische Betrachtung ist, zeigt ein Blick auf einige Affären und Skandale, die in den letzten zwei Jahrzehnten allein bei DAX-Unternehmen öffentlich geworden sind:[60]

- Bayer: Glyphosat-Affäre
- Volkswagen: Dieselskandal, Betriebsratsaffäre
- Siemens: Korruptionsaffäre
- Fresenius Medical Care: Bestechungsskandal
- Deutsche Bank: Zinsmanipulationen, Bespitzelung
- Münchner Rück: Sex-Party-Skandal bei Ergo
- RWE: fragwürdige Zahlungen an Politiker
- HeidelbergCement: „Zementkartell"

---

[60] Die Auflistungen in diesem Abschnitt stellen keine Wertung dar und erheben keinen Anspruch auf Vollständigkeit.

- Arcandor: Veruntreuung
- Deutsche Telekom: Bespitzelungsaffäre
- Wirecard: Insolvenz.

Auch Todesfälle der Eigentümer/CEOs haben große Unternehmen immer wieder ereilt, so etwa:

- Alfred Herrhausen (Deutsche Bank)
- Heinz Herrmann Thiele (Lufthansa, Knorr-Bremse, Vossloh)
- Adolf Merckle (ratiopharm)
- Pietro Ferrero (Ferrero)
- Martin Senn (Zurich)
- Adrian Kohler (Ricola)

Am häufigsten sind allerdings unerwartete Abgänge. Nachstehend eine kleine Auswahl der jüngeren Vergangenheit:

- Bill McDermott (SAP)
- Antje Leminsky (Grenke)
- Dr. Jörg Stratmann (Mahle)
- Stefan Brandl (EBM-Papst)
- Mark Langer (Hugo Boss)
- Michael Lohscheller (Opel)
- Klaus Gehrig (Lidl)

Diese Auswahl zeigt, dass es tatsächlich jede Art von Unternehmen zu jeder Zeit treffen kann. Wenn das geschieht, wird das Ergebnis jeder Art von Befragung sehr stark beeinflusst, die Abfrage täglicher oder wöchentlicher Stimmungen genauso wie die jährliche Mitarbeiterbefragung.

Ergebnisse lesen und verstehen

Ist die Befragung erst einmal durchgeführt, kommen (mal schneller, mal langsamer) die entsprechenden Ergebnisreports. Bei deren Betrachtung und Interpretation sind dann nicht nur die etwaigen Aspekte des vorangegangenen Abschnitts zu berücksichtigen. Vielmehr gibt es eine ganze Reihe von Informationen und Überlegungen, die für eine Auswertung von entscheidender Bedeutung sein können.

Diese sollen im nachstehenden Abschnitt im Detail betrachtet werden, verbunden jeweils mit sehr konkreten praktischen Tipps.

Beteiligung (Rücklaufquote)

Die Ergebniszahl, die normalerweise sofort oder zumindest als erste verfügbar ist, ist die sogenannte Rücklaufquote. Sie gibt an, welcher Anteil der zur Teilnahme an der Befragung Eingeladenen auch tatsächlich den Fragebogen ausgefüllt hat.

Insbesondere wenn es sich um eine allgemeine Befragung handelt (nicht um eine repräsentative Stichprobe), wird auf diesen Wert geschaut.

Aber was bedeutet er tatsächlich? Was ist ein „guter Rücklauf"? Ist es wirklich erstrebenswert, den Rücklauf so hoch wie möglich zu erzielen?

Fachleute sind durchaus unterschiedlicher Meinung darüber, welche Rücklaufquoten erstrebenswert sind.

Die Experten der gewerkschaftsnahen Hans-Böckler-Stiftung sind der Auffassung, Rückläufe zwischen 30 % und 50 % sollten für eine ausreichende Repräsentativität erreicht werden.[61] 70 % gelten ihnen bereits als Vollerfassung.

Das Befragungsinstitut Rogator sieht 60 bis 80 % Rücklaufquote als die durchschnittliche Beteiligung bei einer klassischen Mitarbeiterbefragung und meint, eine Rücklaufquote von 70 % oder mehr sei anzustreben.[62]

Nicht weit entfernt von diesen Werten ist auch die Einschätzung der Experten der Uni Münster:

> *„Erfahrungsgemäß werden bei Online-Mitarbeiterbefragungen Rücklaufquoten zwischen 50 und 80 Prozent erzielt, nicht selten liegen die Quoten bei über 70 Prozent."*[63]

Etwas niedriger liegen die Erfahrungswerte der Forscher von Surveylab. Sie berichten, dass im Allgemeinen Mitarbeiterbefragungen höhere Rücklaufquoten als Kunden- oder Marktforschungsumfragen erzielen und typischerweise im Bereich von 50 bis 70 % lägen.[64]

Sogar eine ganz präzise Zahl für die Rücklaufe aller Mitarbeiterbefragungen liefert eine andere Studie: Die deutschen

---

[61] (Hinrichs S., Mitarbeiterbefragungen, Hans-Böckler-Stiftung , 2009)

[62] vgl. www.rogator.de

[63] (Thielsch M., Weltzin S., Online-Umfragen und Online-Mitarbeiterbefragungen, Uni Münster/tivian GmbH , 2013)

[64] https://www.surveylab.co.uk/2016/what-is-a-good-response-rate-for-an-employee-survey/ (abgerufen 20.7.2021)

Psychologen Frieg und Hossiep haben darin u. a. ausgewertet, dass sie bei genau 71,4 % liege.[65]

Ebenfalls über ähnliche Erfahrungen berichtet das Institut Vienna Corporate Research and Development (vieconsult):

> *„Nach unserer Erfahrung als Institut erreichen wir branchenübergreifend rund 70–75 % Rücklauf über alle von uns durchgeführten Befragungsprojekte. Die Rücklaufquote fällt dabei im kaufmännischen Bereich oft höher aus (75–90 %), während sie im gewerblichen Bereich – (beeinflusst durch Faktoren wie Schichtdienst, Außendienst oder Qualifikationsniveau der Mitarbeiter – meist niedriger ausfällt (55–70 %)."*[66]

Das Institut Qualtrics weist ebenfalls darauf hin, dass in der Beteiligung an Befragungen „große Unterschiede zwischen den verschiedenen Branchen" bestehen.[67] Sie können im Durchschnitt auch 15 Prozentpunkte oder mehr betragen.[68]

Nach einer Untersuchung der Beratung Peakon sind Mitarbeitende im Staatsdienst, Versorgungsunternehmen und im produzierenden Gewerbe am ehesten bereit, ihrem

[65] https://www.wirtschaftspsychologie-heute.de/mitarbeiterbefragungen-ein-etablierter-klassiker-bei-den-unternehmen/ Dr. Philip Frieg, Dr. G. Rüdiger Hossiep vom 20. Juni 2020 (abgerufen 26.7.2021)

[66] https://www.hrweb.at/2017/05/mitarbeiterbefragungen-mitarbeiterbefragung/ (abgerufen 23.7.2021)

[67] https://www.qualtrics.com/de/erlebnismanagement/marktforschung/ruecklaufquote/

[68] (Baruch Y., Holtom B., Survey Response Rate Levels and Trends in Organizational Research, 2008)

Arbeitgeber Feedback zu geben. Am geringsten ausgeprägt ist diese Bereitschaft bei Technologieunternehmen, Finanzdienstleistern und in der Transportbranche.[69]

Auch kulturelle Unterschiede prägen die Antwortbereitschaft, wenn auch nicht ganz so stark. Eine besonders hohe Bereitschaft besteht demnach in Australien, Neuseeland und Lateinamerika, am geringsten ist sie in Europa und Afrika ausgeprägt.[70] Näheres zu kulturellen Unterschieden wird noch an anderer Stelle in diesem Buch betrachtet.

Falsch ist in diesem Kontext auch die Annahme, je höher der Rücklauf, desto besser. Liegt er nahe 100 % hat man keineswegs ein Superergebnis erzielt.

Im Handelsblatt bringt es eine Expertin der Unternehmensberatung Kienbaum auf den Punkt:

„Bei Rücklaufquoten um die 90 Prozent werde ich skeptisch."[71]

Weiter schreibt das Blatt:

„Schon 60 Prozent sind sehr positiv."[72]

Hier gilt es ähnlich abzuwägen wie bei der Wahlbeteiligung: Sehr niedrig ist ein Indikator für möglichem Desinteresse, sehr hoch ist ein Hinweis auf potenziellen Druck, der

---

[69] (Heartbeat by Peakon, The Employee Voice, 2019)

[70] ebenda

[71] https://www.handelsblatt.com/unternehmen/management/mehr-als-ein-stimmungs-barometer-mitarbeiterbefragung-ein-ohr-fuer-die-belegschaft-seite-3/3009292-3.html (abgerufen 30.7.2021)

[72] ebenda

ausgeübt worden sein könnte. Es kann auch ein Hinweis auf unverhältnismäßige Incentives sein, die mit der Teilnahme verbunden waren.[73]

Viel wichtiger als ein hoher Rücklauf ist es, eine möglichst repräsentative Antwortpopulation zu erreichen.

Es ist eben nicht unbedingt zielführend, wenn fast alle Mitarbeitenden in einem Land oder einer Division teilnehmen und in der anderen fast niemand.

Das führt vielleicht zu „guten" Rücklaufquoten insgesamt, ist aber dennoch kein gutes Ergebnis.

Das bekräftigt auch die Unternehmensberatung Gartner. Sie rät ihren Kunden:

> *„Wir empfehlen [...], die Rücklaufquoten intern nur auf einem sehr hohen Niveau zu kommunizieren – oder gar nicht. Diskussionen nach der Umfrage sollten sich auf die wichtigsten Themen und Maßnahmen konzentrieren, nicht darüber geführt werden, ob das Unternehmen eine Rücklaufquote von 78 % oder 79 % erreicht hat."* [74]

---

[73] Eine Auslobung von „normalen" Incentives führt erfahrungsgemäß nicht zu einer merklichen Erhöhung der Rücklaufquote.

[74] https: //www.gartner.com/smarterwithgartner/workforce-surveys-whats-a-good-response-rate/ (abgerufen 30.7.2021)

Das Fazit der Gartner-Experten fällt dementsprechend klar aus:

> *„Solange die Anzahl der Antworten eine statistisch repräsentative und verlässliche Stichprobe auf ausreichenden Ebenen des Unternehmens ergibt, sollte das die einzige notwendige Diskussion sein. Oft kann dies ein überraschend niedriger Anteil der Gesamtpopulation sein.“*[75]

Wie hoch die tatsächliche Beteiligung der Mitarbeitenden an solchen Befragungen ist, wird von vielen Unternehmen nicht transparent gemacht.

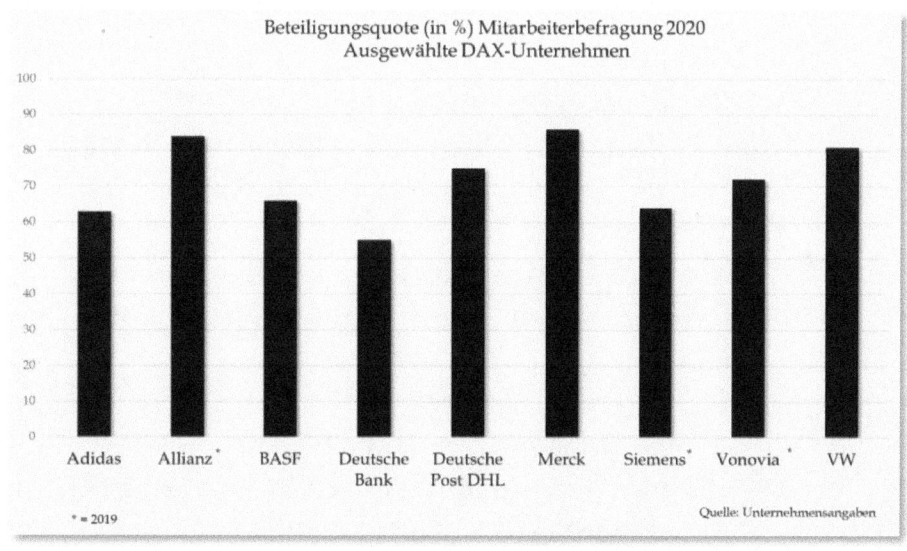

Abbildung 4: Beteiligungsquoten DAX-Unternehmen

---

[75] ebenda

Werden jedoch die DAX-Unternehmen betrachtet, die dies tun, zeigt sich zunächst, dass das Instrument der Befragung auch von der Akzeptanz gut etabliert zu sein scheint (s. Abb. 4). Unterschiede dürften teilweise tatsächlich branchenspezifisch zu erklären sein.

Praktische Tipps

- ✓ Messen Sie der Rücklaufquote keine übermäßige Bedeutung bei, sie ist kein Selbstzweck.
- ✓ Suchen Sie keinen Trend bei Rücklaufquoten: insbesondere kleinere Veränderungen zu früheren Befragungen sind meist wenig aussagekräftig.
- ✓ Rücklaufquoten zwischen 50 % und 80 % können als normal gelten und geben in aller Regel keinen Grund zur Besorgnis.
- ✓ Schauen Sie bei Rücklaufquoten mit „sozialistischen" Größen (90 % oder mehr) genauer hin, sie deuten manchmal auf Manipulationen hin.
- ✓ Bedenken Sie: Durchschnittliche Rücklaufquoten können nach Branchen über 15 Prozentpunkte variieren. Auch nationale Kulturen prägen das Antwortverhalten.
- ✓ Achten Sie vielmehr verstärkt auf statistische Validität und Repräsentativität Ihrer Ergebnisse. Falls letztere in Frage steht, erwägen Sie ggf. eine Gewichtung.

Zahlenwerte

Die Ergebnisse von Befragungen kommen naturgemäß zunächst als (absolute oder relative) Zahlenwerte daher.

In vielen Fällen handelt es sich um Prozentsätze (etwa der Zustimmung zu bestimmten Aussagen), sodass sie sich häufig zwischen 0 und 100 bewegen. Auch daraus abgeleitete Indices bewegen sich in aller Regel in dieser Größenordnung.[76]

Aber wie ist ein Engagement-Index von beispielsweise 68 oder ein Zustimmungswert zu einer Aussage von etwa 75 % einzuordnen? Exzellent, gut, mittelmäßig, schlecht, alarmierend?

Aus den absoluten Zahlen ist das zunächst tatsächlich schwerer zu lesen, als man meinen sollte. Die nachstehenden Abschnitte sollen helfen, die Werte besser einzuordnen.

Zustimmungsraten

Trotz dieser Schwierigkeiten werden die Ergebnisse oft in absteigender Reihenfolge dargestellt. Das Statement mit der höchsten Zustimmung zuerst, dann das mit der zweithöchsten Zustimmung und so weiter bis zu dem mit dem geringsten Zustimmungswert.

Auf den ersten Blick ist das einleuchtend. Sieht man doch vermeintlich sofort, wo die Stärken der jeweiligen Firma,

---

[76] Es gibt hierzu natürlich Ausnahmen, wie z. B. die Deutsche Telekom AG, die aus ihrer Mitarbeiterbefragung einen Engagementindex auf einer Skala von 1,0 bis 5,0 ableitet, oder die Adidas AG, die einen sogenannten employee net promoter score (eNPS), berechnet, der zwischen 0 und 10 liegen kann.

Abteilung oder Einheit liegen. Das kann aber tatsächlich sehr irreführend sein.

In vielen Befragungen gibt es auch Statements mit negativen Formulierungen, etwa

> *„Ich weiß manchmal nicht, wie ich meine Arbeit schaffen soll."*

Bei derartigen Fragen sollte die Zustimmung natürlich idealerweise niedrig sein. Solche Situationen sind bei genauerem Hinsehen noch leicht zu identifizieren.

Etwas komplizierter stellt sich ein anderer Sachverhalt dar. Jedes Statement einer Befragung kann theoretisch eine Zustimmung zwischen 0 % und 100 % der Befragten erhalten.

Beide Extreme kommen in der Praxis natürlich so gut wie nie vor. Kommt es doch vor, muss man fragen, ob ein Statement vielleicht unsauber formuliert wurde oder ein Thema beinhaltet, das für die Befragten nicht relevant ist.

Davon abgesehen haben – trotz der theoretisch gleichen Ausgangslage – die Statements einer Befragung ein sehr unterschiedliches Zustimmungspotenzial.

Alle, die sich beruflich schon mal mit Mitarbeiterbefragungen beschäftigt haben, wissen, dass es gewisse Themenfelder gibt, die – selbst in einem positiven Umfeld – keine überragenden Zustimmungswerte erhalten werden.

Nie werden 90 % oder 100 % der Mitarbeitenden antworten, ihre Bezahlung sei angemessen oder sie erhielten alle Informationen, die sie benötigen.

Häufige Statements in Befragungen sind zum Beispiel

„Für den Beitrag, den ich leiste, werde ich angemessen bezahlt."

und

„Ich bin stolz, für meine Firma zu arbeiten."

Es liegt auch für Laien auf der Hand, dass die zweite Frage tendenziell ein größeres Potential hat, hohe Zustimmungsraten zu erzielen als die erste.

Das zeigen auch diverse Studien. So berichtete die Fachzeitschrift „Personalwirtschaft", 56 % aller Mitarbeitenden hielten ihr Gehalt *nicht* für angemessen.[77] Im Umkehrschluss sind also maximal 44 % mit ihrer Vergütung vollumfänglich zufrieden.

Ähnliche Ergebnisse liefert eine Umfrage von Statista aus dem Jahr 2015. Darin liegt der Anteil derer, die sich für angemessen vergütet halten, sogar nur bei 39 %.[78] Man kann also getrost annehmen, dass es eine Grundstimmung der Unzufriedenheit zu diesem Thema gibt – völlig unabhängig davon, wie tatsächlich gezahlt wird und ob das gerechtfertigt ist.

Das ergab auch eine breit angelegte Studie der Beratungsgesellschaft Payscale.[79] Besonders bemerkenswert ist in diesem Zusammenhang, dass von den Personen, die der Meinung

---

[77] https://www.personalwirtschaft.de/verguetung/artikel/jeder-zweite-arbeitnehmer-ist-nicht-mit-seinem-gehalt-zufrieden.html (abgerufen 28.7.2021)

[78] https://de.statista.com/statistik/daten/studie/516970/umfrage/umfrage-in-deutschland-zur-zufriedenheit-mit-dem-eigenen-gehalt/ (abgerufen 28.7.2021)

[79] (Payscale, Most People (Still) Have No Idea Whether They'Re Paid Fairly, https://www.payscale.com/data/pay-perception, 2017)

sind, unter Marktniveau bezahlt zu werden, 77 % tatsächlich marktgerecht bezahlt werden, während weitere 12 % sogar mit ihrer Bezahlung darüber liegen.

Das bedeutet, dass nur 11 % der Personen, die angeben, unterbezahlt zu sein, tatsächlich weniger als den Median des Marktlohns für Personen mit ähnlichen Tätigkeiten erhalten.[80]

Demgegenüber ist die Mehrheit der Mitarbeitenden in Deutschland stolz auf ihre Arbeit. Knapp 60 % sind es laut „Personalwirtschaft"[81] , sogar 80 % gemäß „Handelsblatt"[82].

An diesem einfachen Beispiel zeigt sich, dass ein bestimmter absoluter Wert an und für sich wenig aussagekräftig ist. Ein gleicher Zustimmungswert von z. B. 65 % für beide genannten Statements stünde für sehr unterschiedliche Ergebnisse, wäre in einem Fall eher positiv, im anderen eher negativ.[83]

Indices

Umfrageergebnisse sind oft schwer zu interpretieren. Deshalb werden für gewisse Themenbereiche aggregierte Indices gebildet, die sich aus einer Reihe von Einzelstatements

---

[80] ebenda

[81] https://www.personalwirtschaft.de/der-job-hr/arbeitswelt/artikel/mehrheit-stolz-auf-und-zufrieden-mit-job.html (abgerufen 28.7.2021)

[82] https://www.handelsblatt.com/karriere/besser-als-werbung-sind-ihre-mitarbeiter-stolz-auf-ihre-fir-ma/2728318.html#:~:text=Das%20Ergebnis:%20%C3%9Cber%2080%20Prozent,wie%20eine%20durchschnittliche%20Bezahlung%20wettmachen. (abgerufen 28.7.2021)

[83] Auf die verschiedenen inhaltlichen Aspekte wird noch in weiteren Abschnitten dieses Buches detaillierter eingegangen.

(Fragen) zusammensetzen. Der Index ist dann der Durchschnitt[84] der Zustimmungswerte der in Frage kommenden Einzelstatements.

Dadurch soll den Führungskräften eine fokussierte Sicht auf bestimmte, strategisch wichtige Elemente ermöglicht werden.

Aber auch die Indexzahlen bergen Tücken.

Ein wesentliches solches Element ist das Engagement der Mitarbeitenden. Ein Engagementindex von 65 etwa suggeriert, dass 65 % der Mitarbeitenden engagiert seien. Dies muss aber keineswegs der Fall sein.

Jeder Befragung wird – wie bereits dargelegt wurde – ein etwas anderer Fragenkatalog und/oder eine andere Methodik zur Messung des Mitarbeiterengagements zugrunde liegen.[85]

Ganz entscheidend ist an dieser Stelle, welche Fragen zur Berechnung des Index herangezogen werden. Einige Unternehmen beziehen beispielsweise die Verbleiberwartung („Retention") in den Engagementindex mit ein, andere nicht. Das kann für die Höhe des Index aber einen großen Unterschied machen.

Manchmal spielen auch kleine Details eine ausschlaggebende Rolle. Viele Befragungen unterscheiden nochmals zwischen Verbleibeabsicht („ich beabsichtige, auch in zwei Jahren noch in diesem Unternehmen zu arbeiten") und

---

[84] ggf. auch gewichtet

[85] s. hierzu auch den vorangegangenen Abschnitt „Gängige Modelle"

Verbleibeerwartung („ich denke, dass ich auch in zwei Jahren noch in diesem Unternehmen arbeiten werde").

Im ersten Fall geht es allein darum, ob Mitarbeitende beabsichtigen, sich aus dem Unternehmen wegzubewegen oder nicht. In der zweiten Konstellation kommt noch die Einschätzung hinzu, ob sie glauben, die Firma könne ihrerseits das Beschäftigungsverhältnis beenden.

Gerade in Unternehmen, in denen Restrukturierungen und/oder Sparprogramme umgesetzt worden oder angekündigt sind, kann dies das Antwortverhalten erheblich beeinflussen. Entsprechend kann es auch den Engagementindex erheblich beeinflussen, ob die erste oder zweite Variante verwendet wird.

Manchmal werden auch Fragen, die in einen Index fließen, von einer Befragung zur nächsten verändert. Das schlägt sich auch sichtbar im Ergebnis nieder, ohne dass sich deshalb die Stimmungslage bei den Mitarbeitenden tatsächlich geändert haben muss.

Praktische Tipps

- ✓ Schauen Sie nicht nur auf die Zahlen, sondern immer auch auf die damit verbundene Aussage. Es reicht oft gesunder Menschenverstand, um zu erkennen, ob ein Wert tendenziell gut ist oder nicht.
- ✓ Lassen Sie sich von niedrigen oder hohen Ergebniszahlen zunächst nicht beeindrucken. Hinterfragen Sie diese immer.
- ✓ Seien Sie skeptisch bei Ergebnisranglisten von einzelnen Statements aus der Befragung.
- ✓ Informieren Sie sich über die konkrete Zusammensetzung und Berechnung aller relevanten Indices, auch über etwaige Veränderungen im Zeitverlauf.
- ✓ Achten Sie auf negative Formulierungen in den Statements.

Kontextualisierung

Selbst bei einer ernsthaften und profunden Betrachtung der Ergebnisse einer Befragung bedürfen diese natürlich einer Kontextualisierung, damit man überhaupt konkrete Handlungsempfehlungen ableiten kann.

Die Referenzpunkte hierfür sind in der Regel

1. der Vergleich mit früheren Befragungen, d. h. die internen Trends,
2. der externe Vergleich mit sogenannten Benchmarks,
3. ein Vergleich zwischen verschiedenen organisatorischen Einheiten und Ebenen des Unternehmens.

Trends

Eine hohe Aussagekraft hat die Veränderung eines bestimmten Werts im Vergleich zu einer früheren (vergleichbaren) Erhebung. Gibt es mehrere solcher Referenzpunkte, lässt sich ein mehr- oder sogar langjähriger Trend ableiten.

Bei Mitarbeiterbefragungen bergen solche Vergleiche allerdings auch einige Gefahren.

Unternehmen sind dynamische Strukturen, sodass im Lauf der Zeit zahlreiche organisatorische Veränderungen stattfinden. Ein Vergleich der Abteilung XY mit der Abteilung XY von vor zwei Jahren ist daher manchmal ein Vergleich von Äpfeln mit Birnen.

Möglicherweise gab es die Abteilung XY damals noch gar nicht. Oder das Team AB gehörte noch nicht dazu oder die

Verantwortung für das Thema Z. Solche Veränderungen sind allgegenwärtig.

Für den Vergleich der Ergebnisdaten bestehen im Prinzip dann zwei Möglichkeiten: Der einfachste Weg ist, die historischen Daten heranzuziehen und bei der Betrachtung die zwischenzeitlichen Veränderungen im Kopf zu haben. Nur wo Veränderungen so gravierend sind, dass keinerlei Bezug hergestellt werden kann, werden Trends nicht ausgewiesen.

Einige externe Anbieter bieten noch eine weitere Alternative an: das Rückrechnen. Dabei werden die historischen Daten auf Basis der aktuellen Organisationsstruktur nochmals neu berechnet.

Dies ist allerdings nur unter zwei Voraussetzung möglich:

1. die Rohdaten früherer Befragungen wurden nicht gelöscht (was u. U. unter Datenschutzgesichtspunkten problematisch sein könnte) und
2. es handelt sich um Daten mit einer Vorkodierung (s. hierzu die Ausführungen im Abschnitt Anonymität).

Diese Vorgehensweise bedeutet auch, dass historische Daten von Befragung zu Befragung eine eigene Dynamik entwickeln können. Für Unternehmen, die Ergebnisse ganz oder teilweise nach außen kommunizieren, ein riskantes Unterfangen, weil hier leicht der Eindruck der Manipulation entstehen kann.

Historische Daten können auch durch einen Wechsel der Befragungsmethodik und/oder des externen Dienstleisters beeinflusst werden. Besonders sichtbar wird dies bei einem Wechsel der Antwortskala.

Wird beispielsweise bei der Befragung eine 6er-Skala verwendet, in früheren Befragungen jedoch eine 5er-Skala, ist ein sinnhafter Vergleich schwierig. Um zumindest rechnerisch einen direkten Vergleichsmaßstab zu ermöglichen, müssten anstatt der Ja-Prozente die Mittelwerte der einzelnen Fragen herangezogen werden.

Trends und externe Einflüsse			
	Kennzahl ist deutlich gestiegen	**Kennzahl ist in etwa stabil geblieben**	**Kennzahl ist deutlich gesunken**
Zeitpunkt der Befragung im Kalenderjahr hat sich geändert	Positiver Effekt könnte verfälscht sein und sollte genauer analysiert werden	Effekt könnte verfälscht sein und sollte genauer analysiert werden	Negativer Effekt könnte verfälscht sein und sollte genauer analysiert werden
Angebot an relevanten Arbeitskräften hat sich im Markt verringert	Wahrscheinlich Anzeichen für tieferliegende Stärke	Wahrscheinlich Zeichen von Stabilität	Negativer Effekt möglicherweise temporär verstärkt
Angebot an relevanten Arbeitskräften hat sich im Markt erhöht	Positiver Effekt wahrscheinlich temporär	Trotz konstanter Werte nähere Analyse ratsam	Wahrscheinlich Anzeichen für tieferliegendes Problem
In den Wochen vor der Befragung gab es unerwartete positive Neuigkeiten für das Unternehmen	Positiver Effekt wahrscheinlich temporär	Trotz konstanter Werte nähere Analyse ratsam	Wahrscheinlich Anzeichen für tieferliegendes Problem
In den Wochen vor der Befragung gab es unerwartete negative Neuigkeiten für das Unternehmen	Wahrscheinlich Anzeichen für tieferliegende Stärke	Wahrscheinlich Zeichen von Stabilität	Negativer Effekt möglicherweise temporär verstärkt
Erwartungen für den Geschäftsverlauf der nächsten Monate sind positiv	Positiver Effekt wahrscheinlich temporär	Trotz konstanter Werte nähere Analyse ratsam	Wahrscheinlich Anzeichen für tieferliegendes Problem
Erwartungen für den Geschäftsverlauf der nächsten Monate sind negativ	Wahrscheinlich Anzeichen für tieferliegende Stärke	Wahrscheinlich Zeichen von Stabilität	Negativer Effekt möglicherweise temporär verstärkt

N.B.: bezieht sich auf Kennzahlen, die Zustimmung zu positiv formulierten Fragen wiedergeben

Abbildung 5: Trends und externe Einflüsse

Aber auch wenn tatsächlich Äpfel mit Äpfeln verglichen werden, lohnt es sich, vor den eigentlichen Inhalten auch noch die Muster der Trends zu betrachten.

Aufgrund einer solchen Analyse ist es möglich, schon vorab potenziell kritische Konstellationen zu erkennen, aber auch solche, in denen vermeintliche Verbesserungen hinterfragt werden sollten (s. Abb. 5).

Durch diese Betrachtung externer Einflüsse, die im Zusammenhang mit der Erhebung stattgefunden haben oder gegeben waren, erhält man einen ersten Rahmen für die Einschätzung der Trends.

Benchmarks

Eine gute Abrundung des Bildes der Ergebnisse ergibt sicherlich ein Vergleich der eigenen Ergebnisse mit denen anderer Unternehmen.

Dabei bieten sich grundsätzlich zum Vergleich drei Kategorien an:

- Branche
- Region
- besondere Merkmale (z. B. überdurchschnittliche Ergebnisse, Zugehörigkeit zu einem Index, besondere Nachhaltigkeit etc.).

Wirklich belastbare externe Vergleichswerte sind allerdings sehr schwer zu bekommen.

Meistens beschränken sich Unternehmen in der Praxis deshalb darauf, Vergleichswerte aus der Datenbank des jeweiligen externen Anbieters zu berechnen und heranzuziehen. Derartige Benchmarkwerte setzen sich aber in aller Regel nur aus den Ergebnissen der übrigen Kunden dieses einen Anbieters zusammen. Die durch kommerzielle Gegebenheiten entstandene Struktur von dessen Kundenstamm entscheidet dann letztlich über die Aussagekraft der Benchmarks. Das kann nicht zielgenau funktionieren.

Die Anbieter haben aber ein großes Interesse, mit einer möglichst aussagekräftigen Benchmark-Datenbank zu werben. Da werden dann gerne Indices nach Branchen oder Regionen, aber auch sogenannte High Performing- oder Top-Vergleichswerte angeboten. Auch diese sagen oft mehr über die Kundenbasis des Anbieters aus als über die tatsächlichen Gegebenheiten.

Möchte ein Unternehmen sich konsequent mit den wesentlichen Wettbewerbern aus der eigenen Branche vergleichen, ist das in einem solchen Kontext kaum möglich. Es ist einfach sehr unwahrscheinlich, dass alle Konkurrenten ihre jeweiligen Mitarbeiterbefragungen von demselben Anbieter durchführen lassen.

In dieser Not werden Anbieter in ihren branchenspezifischen Datenbanken bei der Branchenzugehörigkeit eher kreativ und großzügig verfahren. So kann es vorkommen, dass etwa Banken, Versicherungen, Makler, Broker und Zahlungsdienstleister zu einem großen Benchmark „Finanzdienstleister" zusammengefasst werden.

Zur Lösung dieses Problems haben sich in manchen Branchen und Ländern Gruppen (oft informeller Natur) herausgebildet, deren Mitgliedsunternehmen Ergebnisse austauschen und vergleichen. In Deutschland besteht in diesem Kontext seit einigen Jahren auch die Racer Benchmark Group GmbH.

Sie versteht sich als „unabhängiges Konsortium für vergleichende Analysen von Mitarbeiterbefragungen"[86].

Solche Zusammenschlüsse haben allerdings ihre eigenen Tücken. Sie sind oft regional geprägt, während global agierende Unternehmen ihre Hauptwettbewerber häufig in ganz anderen Ländern haben. Arbeiten sie ihrerseits mit einem externen Anbieter zusammen – was die Professionalität zweifelsohne erhöht –, führt dies nicht selten auch zu Spannungen mit den (anderen) Anbietern der jeweiligen Mitglieder.

Ein weiteres Problem liegt darin, dass viele Anbieter Ergebnisse oft jahrelang in ihren Datenbanken mitführen und dadurch die Vergleichswerte im schlimmsten Fall Datensätze enthalten können, die fünf Jahre oder noch älter sind.

Bei aller potenziellen Unzulänglichkeit der Benchmarkdaten, bleibt es auch Teil der nüchternen Realität, dass sich mit jedem Wechsel eines Anbieters auch alle Benchmarks verändern.

Interne Vergleiche

Der klassische Vergleich eines Ergebnisses ist der mit dem entsprechenden Wert auf der Gesamtebene der Firma. Gerne werden auch Bereiche oder Landesgesellschaften untereinander verglichen.

---

[86] Die RACER Benchmark Group GmbH arbeitet nach eigenen Angaben mit dem Befragungsinstitut IPSOS zusammen. Mitgliedsunternehmen sind Stand Juli 2021: BASF, Bertelsmann, BMW, Bosch, Daimler, Deutsche Bahn, Deutsche Post, Deutsche Telekom, Evonik, Hilti, Merck, OBI, SAP, TÜV Rheinland (Quelle: www.racer-group.de; abgerufen 30.7.2021).

Dementsprechend werden oft Ranglisten erstellt und Einheiten, die über dem Gesamtwert oder an der Spitze der Liste liegen, gelten als „gut" und müssen sich oft gar nicht weiter mit den Ergebnissen auseinandersetzen.

Die Sinnhaftigkeit solcher internen Vergleiche speist sich letztlich wiederum aus der Frage, ob Gleiches mit Gleichem verglichen wird. Haben beispielsweise die verglichenen Landesgesellschaften oder Divisionen tatsächlich vergleichbare Situationen, Strukturen und Voraussetzungen? Ist dies nicht der Fall, wird das Nebeneinanderstellen der Ergebniszahlen für das Unternehmen wenig Erkenntnisgewinn generieren.

Praktische Tipps

- ✓ Informieren Sie sich, wie die historischen Daten gerechnet wurden.
- ✓ Überprüfen Sie genau, welche organisatorischen Einheiten von den Vergleichen erfasst werden.
- ✓ Vergegenwärtigen Sie sich, in welcher Verfassung zum Zeitpunkt der Befragung die Geschäftslage und der Arbeitsmarkt waren und welche unerwarteten Ereignisse ggf. stattgefunden haben.
- ✓ Hinterfragen Sie, wie sich „Benchmarks", die als Referenz benutzt werden, genau zusammensetzen.
- ✓ Lassen Sie sich darüber informieren, wie aktuell die Benchmarkdaten tatsächlich sind.
- ✓ Prüfen Sie, ob es seit der letzten Befragung methodische Veränderungen und/oder einen Wechsel des externen Anbieters gegeben hat.
- ✓ Wählen Sie nur passende interne Vergleiche aus.

Die Story Line

Aus den Ergebnissen einer Mitarbeiterbefragung eine plausible und aussagefähige Story Line herauszuarbeiten ist eine große Kunst. Besser noch es ist – wie die Briten sagen – "an art and a science", also eine Kombination aus Wissenschaft und Kunst.

So wie in der Automobilindustrie die „Hochzeit" – also das Zusammenführen der Karosserie mit dem Motor oder einem kompletten Antriebsstrang – mit der bedeutendste Produktionsschritt ist, so ist bei einer Befragung das Einbetten der Ergebnisse in den strategischen Kontext ebenso entscheidend.

Eine komplette Karosserie ohne Motor ist eben kein Auto und Ergebnisse ohne Kontext ergeben keine (sinnhafte) Befragung.

Jedes Unternehmen wird sich zum Zeitpunkt der Befragung wahrscheinlich in einer von zwölf strategischen Konstellationen befinden (s. Abb. 6).

Je nachdem, wie diese aussieht, werden nicht nur die Ergebnisse geprägt sein, sondern werden auch die Aspekte aus den Ergebnissen andere sein, die für das Unternehmen relevant sind.

Ein extremes Beispiel mag dies verdeutlichen: befindet sich ein Unternehmen (oder ein Unternehmensteil) in der Veräußerung oder Liquidation, spielt die Verbleibeabsicht der Mitarbeitenden eine wesentlich geringere Rolle als bei einer Firma, die mitten in einer Expansion durch Diversifizierung steckt.

Strategie		Sub-Strategie	
Stabilität	Kunden werden weiterhin in denselben Produkt- oder Dienstleistungs-, Markt- und Funktionsbereichen bedient. Strategische Entscheidungen konzentrieren sich auf die schrittweise Verbesserung der funktionalen Leistung.	vorsichtig vorangehen	Nur wenige leichte Anpassungen an die bestehende Tätigkeit
		„weiter so"	Fortführung der derzeitigen Tätigkeiten und Ansätze für die absehbare Zukunft
		Profitabilität steigern	Verbesserung der Effizienz der laufenden Geschäftstätigkeit
Expansion	Neudefinition des Geschäfts, die entweder den Tätigkeitsbereich erweitert oder die Anstrengungen des derzeitigen Geschäfts erheblich steigert.	Konzentration	Konvergenz der Ressourcen in einem oder mehreren Geschäftsbereichen eines Unternehmens in Bezug auf Produkte, Märkte oder Funktionen in einer Weise, die zu einer Expansion führt
		Integration	Kombination von Aktivitäten, die mit den derzeitigen Aktivitäten eines Unternehmens zusammenhängen, auf der Grundlage der Wertschöpfungskette
		Diversifizierung	Identifizierung von Entwicklungsrichtungen, die das Unternehmen gleichzeitig von seinen derzeitigen Produkten und Märkten wegführen
		Kooperation	Akquisitionen, Zusammenschlüsse, Joint-Ventures und strategische Allianzen
		Internation-alisierung	Ausweitung der Aktivitäten in neue geographische Märkte
Rückzug	teilweiser oder vollständiger Rückzug von Produkten, Märkten oder Funktionen in einem oder mehreren Geschäftsbereichen eines Unternehmens.	Turnaround	Rettenswerte Einheiten werden saniert
		Veräußerung	verlustbringende Einheiten werden aufgelöst, Produktpalette eingeschränkt, Funktionen reduziert
		Liquidation	Aktivität wird eingestellt und aufgelöst
Kombi-nation	Mehrere der o.g. Strategien werden gleichzeitig verfolgt (z.B. in unterschiedlichen Regionen, Divisionen)		

Abbildung 6: Mögliche strategische Konstellationen

Auch das Vertrauen in das Topmanagement wird in einer Turnaround-Situation kritischer sein als bei einer „Weiter-so-Strategie".

Es geht also bei der Entwicklung der Story Line zunächst darum, den strategischen Kontext zu analysieren und zu erfassen. Das ist relativ aufwändig und für manche Personalabteilung oft schwer zu leisten, insbesondere, wenn der entsprechende Bezug zum Business fehlt.[87]

---

[87] s. hierzu auch (Mittorp K. D., HR in der Falle, Tredition Verlag, ISBN 978-3-347-28609-2, 2021)

Ist der strategische Kontext klar, sind im nächsten Schritt die Ergebnisse zu lesen:

- Welche Ergebnisse sind aus dem strategischen Kontext plausibel zu erklären?
- Was ist in der gegebenen Konstellation erfolgskritisch?
- Wo liegen tatsächlich die personellen Risiken?
- Was kann ggf. (vorübergehend) toleriert werden?
- Was ist unkritisch, weil es in der konkreten Situation nicht relevant ist?

Eine gewisse Komplexität ergibt sich aus der Notwendigkeit, diese Übung nicht nur auf Gesamtunternehmensebene auszuführen, sondern für alle Einheiten zu durchlaufen, die eine eigene strategische Situation haben, also in der Regel eine ganze Reihe von Geschäftsbereichen bzw. Landes- und Tochtergesellschaften (je nach Organisationsform).

Werden solche Schritte nicht ernsthaft durchlaufen, bleiben bei der Interpretation der Ergebnisse letztlich oft nur Banalitäten übrig. Da stehen in Ergebnispräsentationen dann Dinge wie

- direkte Vorgesetzte genießen mehr Vertrauen als das Topmanagement
- Vertrauen in Führung muss gestärkt werden
- Kommunikation kann sich verbessern
- Entwicklungsmöglichkeiten sind unklar
- Zusammenarbeit sollte gefördert werden
- Transparenz ließe sich erhöhen.

Sicherlich alles richtig, aber letztlich austauschbar und in der konkreten Situation nicht sehr hilfreich.

Praktische Tipps

- ✓ Stellen Sie die notwendigen Ressourcen (finanziell, zeitlich, inhaltlich) für die Entwicklung einer fundierten und differenzierten Story Line sicher.
- ✓ Lassen Sie die Story Line von Experten (extern oder intern) entwickeln, die einen Bezug zum Business haben.
- ✓ Legen Sie Wert darauf, dass auch unterhalb der Gesamtunternehmensebene relevante Story Lines entwickelt werden.
- ✓ Achten Sie darauf, dass alle (Sub-) Story Lines mit der Gesamt-Story-Line zusammenpassen.
- ✓ Vermeiden Sie banale Aussagen zu den Ergebnissen, die austauschbar wirken können.

Segmentierungen

Eine Reihe von Anbietern ermöglicht auch eine Segmentierung der befragten Gesamtpopulation. Dabei wird das Engagement oder Commitment mit einer weiteren Dimension kombiniert und ausgewertet (s. Abb. 7).

Diese zweite Dimension ist dann oft die Zufriedenheit der Mitarbeitenden mit der Organisation oder ihr „Enablement" (Befähigung, sich einzubringen). Einige Anbieter unterscheiden auch noch zwischen Enablement und Empowerment.

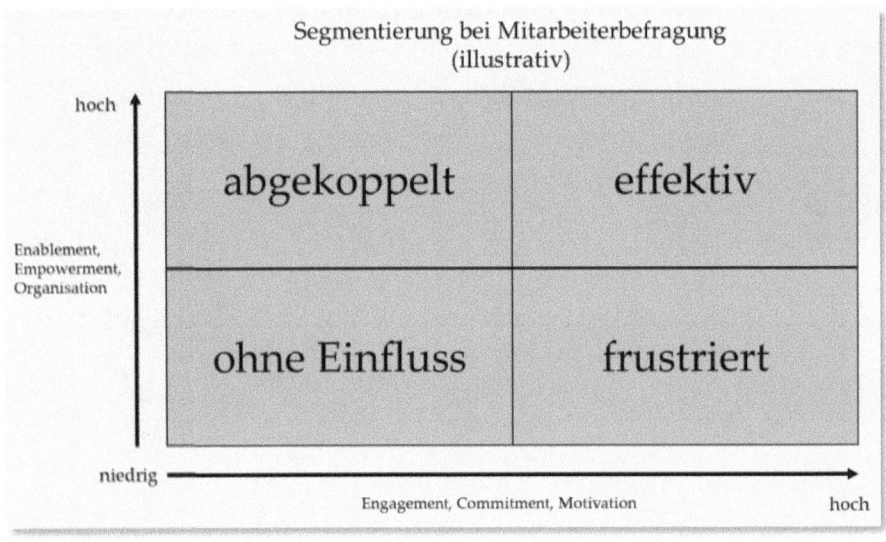

Abbildung 7: Segmentierung bei Mitarbeiterbefragung (illustrativ)

Die Berater von Korn Ferry stellen beispielsweise bei ihrem Befragungsmodell sehr stark auf diese Möglichkeit ab. Nach deren Erkenntnissen[88] sind weltweit 46 % der Mitarbeitenden „effektiv"[89].

Die übrige Population wird von den Experten in ihrer Untersuchung wie folgt aufgeteilt: „frustriert" 13 %, „distanziert" 13 % und „ineffektiv" 28 %.[90]

Solche Segmentierungen eröffnen natürlich auch die Möglichkeit zu berechnen, welche Faktoren (Treiber) Mitarbeitende aus den anderen Kategorien in die Gruppe der Effektiven bewegen könnten. Sind diese identifiziert, versuchen Unternehmen dann vielfach, ihre Folgemaßnahmen hieraus abzuleiten.

So sinnvoll ein solcher Ansatz auf den ersten Blick erscheinen mag, er stößt schnell an Grenzen:

- Anders als bei Segmentierungen etwa im Kundenbereich ist die Population zwar in ihrer Größe zu bestimmen, aber nicht wirklich bekannt. Es ist eben nicht feststellbar, wer in welche Gruppe fällt (solange auch nur ansatzweise eine Anonymität gewahrt bleibt).
- Aus der Segmentierung abgeleitete Maßnahmen können daher nie gezielt

---

[88] (Hay Group (jetzt Korn Ferry), Warum Engagement alleine nicht (mehr) reicht, 2014)

[89] Das bedeutet, dass dieser Anteil an Mitarbeitenden engagiert ist und gleichzeitig auch die Befähigung empfindet, sich einzubringen. Hier geht es um das subjektive Empfinden, über deren tatsächlichen Leistungsbeitrag sagt dies noch nichts aus.

[90] ebenda

angegangen werden, sondern ähneln dem Schuss mit der Schrotflinte.

- Es ist auch unklar, wie groß überhaupt das Potenzial ist, den Anteil der Effektiven nachhaltig über 50 % zu bringen.

Nach Erkenntnissen der angesehenen britischen Professoren Goddard und Eccles arbeitet nämlich das derzeit in der westlichen Welt vorherrschende Managementmodell mit einer Effizienz von etwa 50 % und lässt aus strukturellen Gründen die Hälfte des Potenzials in Unternehmen ungenutzt.[91] Die Einflussmöglichkeiten von Führungskräften – etwa aus abgeleiteten Folgemaßnahmen – wären demnach sehr begrenzt.[92]

Fehler

Auch wenn darüber wenig berichtet wird und es auch eher selten vorkommt: Die Daten bzw. Ergebnisse einer Befragung können gelegentlich auch tatsächlich fehlerhaft sein.

Wie überall können bei der Verarbeitung Fehler unterlaufen – und sie tun es auch. Das ist menschlich. Normalerweise sollten dementsprechend aufgebaute Prozesse und Qualitätskontrollen dafür sorgen, dass etwaige Fehler rechtzeitig entdeckt und vor allem korrigiert werden. Derartige Mechanismen sind in der Praxis aber sehr unterschiedlich ausgeprägt.

---

[91] (Goddard J., Eccles T., Uncommon Sense, Common Nonsense – why some organisations consistently outperform others, Profile Books, 2012)

[92] s. hierzu auch weitere Ausführungen an anderer Stelle in diesem Buch

Es ist zur Fehlervermeidung sicherlich ein Vorteil, mit Anbietern zusammenzuarbeiten, die das Thema ernst nehmen und beispielsweise entsprechend zertifiziert sind.

Sinnvoll könnten hier folgende ISO-Normen sein:

- ISO 9001 (Qualitätsmanagementsysteme)
- ISO 27001 (Informationssicherheits-Managementsysteme) und ggf. auch
- ISO 14001 (Umweltmanagementsysteme).

Natürlich werden dadurch Fehler nicht komplett vermieden, aber es erhöht die Verlässlichkeit der Daten erheblich, wenn solche zertifizierten Prozesse befolgt werden.

Manches, was in den Daten nicht plausibel aussieht, muss aber noch kein Fehler im engeren Sinn sein und ist dennoch nicht wirklich hilfreich.

Ein Beispiel soll dies verdeutlichen. Nehmen wir an, ein Statement habe eine Zustimmungsrate von 51 %. Darunter dann die Teilergebnisse für Männer mit 53 % und Frauen mit 52 %. Jede aufmerksame Führungskraft wird sofort fragen, wie es sein kann, dass beide Unterpopulationen höhere Ergebnisse haben als die Gesamtpopulation selbst.

Dies könnte tatsächlich ein Berechnungsfehler sein, es könnte sich aber auch um eine Konstellation handeln, in der alle drei Ergebnisse stimmen, auch wenn sie augenscheinlich nicht zusammenpassen.

Es könnte beispielsweise sein, dass die Angaben zum Geschlecht in der Befragung nicht vorkodiert sind und für Teilnehmende eine freiwillige Eingabe darstellten oder in bestimmten Ländern gesetzlich nicht erhoben werden dürfen. Eine gewisse Anzahl der Teilnehmenden wäre dann keinem Geschlecht zugeordnet, aber dennoch in das Gesamtergebnis eingeflossen.

Denkbar wäre auch, dass bei der Berechnung der Auswertung auf unterschiedlichen Ebenen gerundet wurde und die scheinbar unplausiblen Ergebnisse der Kumulierung diverser Rundungen entspringen.[93]

Es lohnt sich *immer*, auf Implausibilität zu achten. Sie sind oft Indizien für tieferliegende Fehler. Beispiele für derartige Ungereimtheiten können sein:

- die angegebene Teilnehmerzahl ist höher als die vorhandene Grundpopulation
- Werte für Teilpopulationen und Gesamtpopulation passen nicht zusammen
- widersprüchliche Trends bei ähnlichen Themenbereichen
- historische Daten passen nicht zu den (alten) Reports aus früheren Befragungen
- Werte für Statements addieren sich auf mehr als oder weniger als 99, 100 oder 101 (Rundungseffekte).

Schwieriger zu entdecken sind Fehler, bei denen z. B. die Daten ganzer Organisationseinheiten vertauscht wurden oder gar solche ganz anderer Firmen eingeflossen sind.

---

[93] dies trifft natürlich nur bei Abweichungen von wenigen Prozentpunkten zu.

Praktische Tipps

- ✓ Gehen Sie davon aus, dass Datenfehler tatsächlich vorkommen (können), wenn auch nicht sehr häufig.
- ✓ Achten Sie darauf, dass das Unternehmen, das die Daten tatsächlich verarbeitet, und alle seine Subunternehmer zertifiziert sind, nicht nur ggf. die Muttergesellschaft oder Schwestergesellschaften.
- ✓ Hinterfragen Sie Ergebnisse, die nicht plausibel erscheinen, auch hartnäckig.
- ✓ Weisen Sie in Reports möglichst keine Ergebnisse aus, die – auch wenn sie stimmen – unplausibel erscheinen und stark erklärungsbedürftig sind.

Schaubilder und Grafiken

Zur besseren Darstellung von Ergebnissen und insbesondere Trends wird bei Mitarbeiterbefragungen auch sehr gerne mit Schaubildern und Grafiken gearbeitet.

Dies ist – wie bei anderen Inhalten – oft auch sehr hilfreich, um ein schnelleres Erfassen der wesentlichen Botschaften zu erreichen.

Allerdings bietet dies auch zahlreiche Möglichkeiten der subtilen Manipulation. Um es mit den Worten der Statistiker Bosbach und Korff zu sagen:

„Ein Bild lügt schneller als tausend Zahlen."[94]

Dies soll an einem einfachen Beispiel veranschaulicht werden. Hierzu schauen wir beispielhaft auf ein DAX-Unternehmen, das als erstes das Mitarbeiterengagement nicht nur regelmäßig gemessen, sondern auch konsequent veröffentlicht hat.

Mit der Ausnahme nur eines Jahres (2013) hat dieses Unternehmen seit 1999 jährlich im Geschäfts- bzw. Personalbericht seinen sogenannten „Commitment-Index" veröffentlicht.[95]

---

[94] (Bosbach G., Korff J., Lügen mit Zahlen, Heyne Verlag, 2011)

[95] Deutsche Bank AG s. hierzu die Geschäfts- bzw. Personalberichte der Jahre 1999 bis 2020

Daraus ergibt sich zunächst die nachstehende Tabelle:

1999	66	2006	68	2014	68
2000	72	2007	71	2015	63
2001	70	2008	74	2016	58
2002	67	2009	76	2017	57
2003	67	2010	73	2018	57
2004	68	2011	72	2019	58
2005	68	2012	73	2020	69

Hieraus lässt sich sehr leicht eine Grafik erstellen.

Dazu nehmen wir zunächst auf der einen Achse den gesamten Zeitstrahl und auf der anderen eine Skala von 0 bis 100, da dies das komplette Spektrum ist, in dem sich der Index theoretisch bewegen kann.

Eine solche Grafik sähe dann wie folgt aus (Abb. 8):

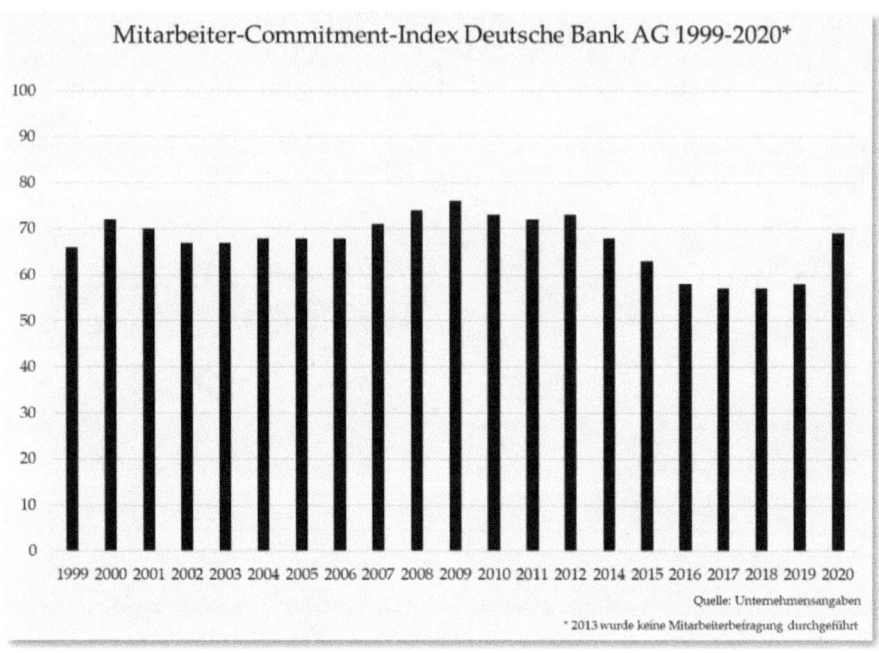

Abbildung 8: Mitarbeiter-Commitment-Index Deutsche Bank AG 1999-2020

Daraus würde man eine über die Jahre leicht wellenhafte aber doch ziemlich kontinuierliche Entwicklung ableiten.

Schon eine Veränderung der Darstellung von Säulen auf eine Linie ergibt – bei ansonsten unveränderten Daten – schon einen leicht veränderten Eindruck (s. Abb. 9).

Eine zusätzliche einfache Veränderung der dargestellten Werte auf der Y-Achse (Reduzierung des Spektrums) würde das Bild dahingehend verändern, dass die Schwankungen

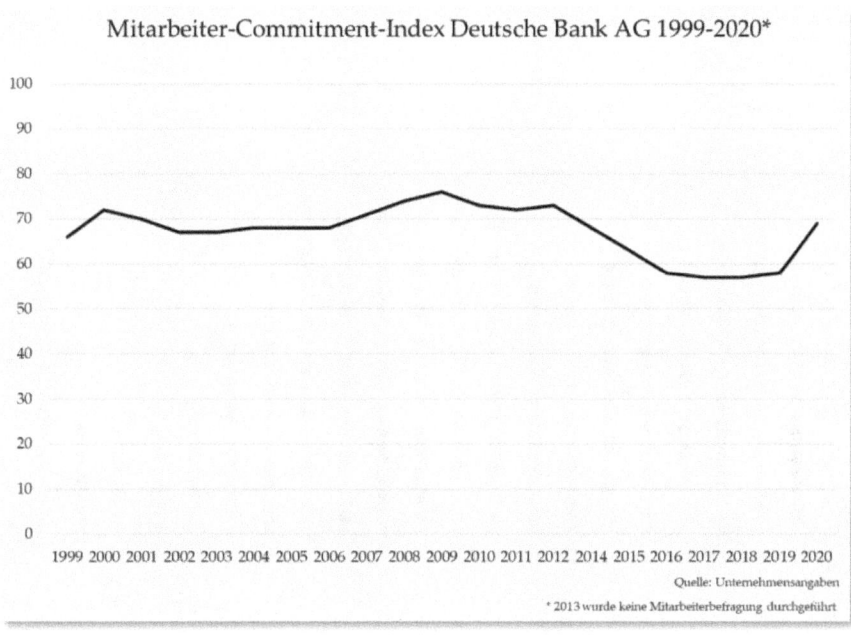

Abbildung 9: Mitarbeiter-Commitment-Index Deutsche Bank AG 1999–2020. Darstellung mit Linie

über die Jahre als sehr viel stärker wahrgenommen würden und man den Eindruck gewinnen müsste, in den Jahren 2016 bis 2019 habe es einen dramatischen Einbruch gegeben (s. Abb. 10).

Das Spiel ließe sich mit einfachen Mitteln beliebig fortsetzen. Möchte man ein Bild möglichst großer Stabilität vermitteln, könnte man den Wert der Y-Achse möglichst übertrieben hoch wählen und sich auf die Daten von 2014 bis 2020 konzentrieren. Das Bild sähe entsprechend aus (s. Abb. 11).

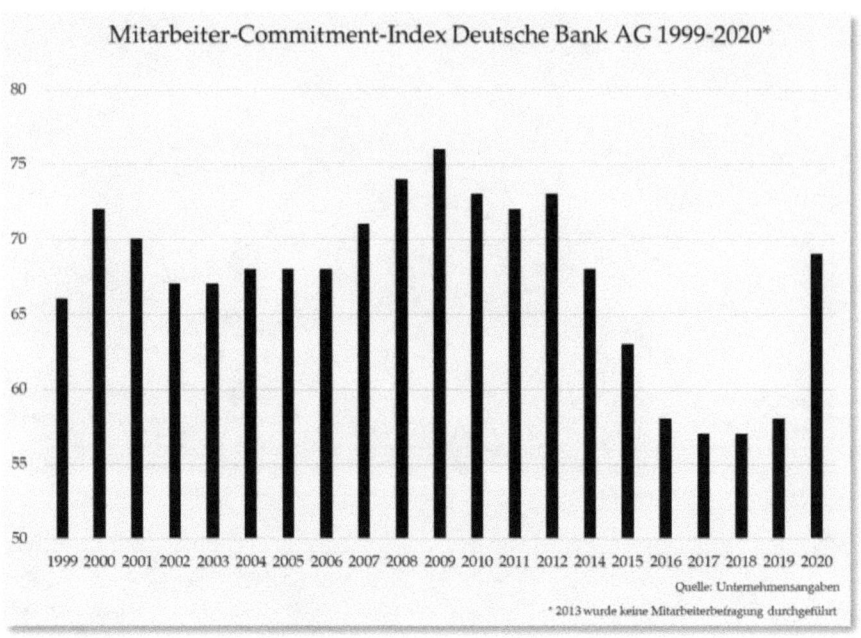

Abbildung 10: Mitarbeiter-Commitment-Index Deutsche Bank AG 1999–2020. Darstellung mit veränderter Y-Achse

Umgekehrt könnte man im anderen Extrem eine extrem positive Entwicklung darstellen, wenn man mit reduzierter Y-Achse nur die letzten fünf Jahre in die Darstellung einbezieht (s. Abb. 12).

Diese Beispiele zeigen, dass mit exakt denselben Rohdaten je nach Auswahl der Datensätze und optischer Gestaltung der Grafik sehr unterschiedliche Botschaften suggeriert werden können.

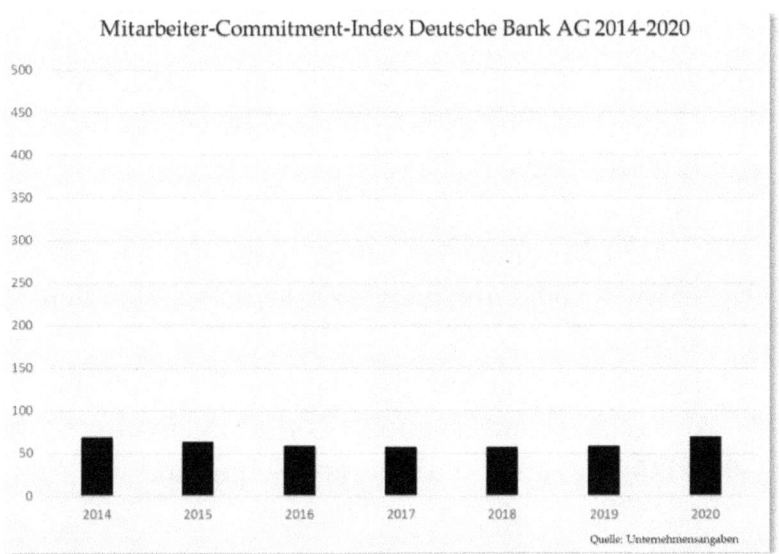

Abbildung 12: Mitarbeiter-Commitment-Index Deutsche Bank AG 2014–2020. Darstellung mit übertriebener Y-Achse

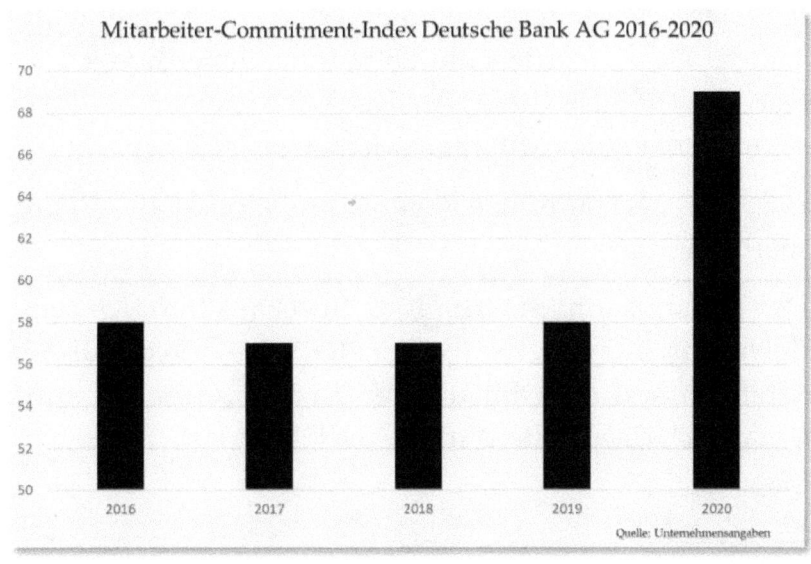

Abbildung 11: Mitarbeiter-Commitment-Index Deutsche Bank AG 2016–2020. Darstellung mit reduzierter Y-Achse

Praktische Tipps

- ✓ Schauen Sie bei Grafiken immer genau hin. Überprüfen Sie insbesondere Achsen, optische Effekte, Flächen, eingefügte Symbole oder 3D-Effekte.
- ✓ Prüfen Sie die Daten hinter den Grafiken, fordern Sie diese ggf. an, wenn sie nicht ersichtlich sind.
- ✓ Betrachten Sie, ob die dargestellte Zeitreihe dem für Sie interessanten Zeitraum entspricht.
- ✓ Hinterfragen Sie sogenannte Sehhilfen.[96]

Treiberanalysen

In vielen Mitarbeiterbefragungen sind sog. Treiberanalysen enthalten. Dabei werden die Befragungsdimensionen ausgewiesen, die auf Basis dieser Analysen den größten Einfluss auf das Engagement der Mitarbeiter haben sollen.

Dahinter stecken in der Regel Korrelations- oder Regressionsberechnungen.

Der Ansatz kann im Grundsatz durchaus hilfreich sein. Ist es doch sehr sinnvoll, die (begrenzten) Ressourcen für Folgemaßnahmen auf die Dimensionen zu konzentrieren, von denen man sich die größte Wirkung erhoffen darf.

---

[96] Sehhilfen sind Linien, die nicht direkt aus den Daten stammen, etwa Verbindungen zwischen Datenpunkten oder die Fortsetzung von Linien über den letzten Datenwert hinaus. Ebenso dazu gehören z. B. Pfeile, Pfeilspitzen oder unterschiedliche Linienstärken

Der Schluss, dass die Regression die Kausalität von Zusammenhängen allein aufgrund der Rechnung beweist, ist allerdings nicht (immer) erlaubt. Ein wirklich fundiertes Vorgehen setzt voraus, dass die Kausalität (Wirkungsrichtung) zuvor theoretisch abgeleitet worden ist, bevor sie empirisch (mit Hilfe der Regression) bewiesen werden kann. Dies ist aber etwa zwischen Engagement und Führung oder Geschäftsverlauf alles andere als klar. Manchmal ist eine Kausalität jedoch auch sehr offensichtlich.

Praktische Tipps

✓ Fragen Sie genau, wie die Treiberanalyse gerechnet wurde (Korrelation, Regression, andere statistische Verfahren).
✓ Überprüfen Sie, ob ein Wirkungszusammenhang plausibel erscheint oder nicht.

Einzelne Dimensionen

Bei aller Unterschiedlichkeit der Modelle, die bei Mitarbeiterbefragungen angewendet werden, gibt es dennoch eine Reihe von Themenbereichen oder Dimensionen, die sich in fast allen Modellen in der einen oder anderen Form wiederfinden.

Zu all dem sollen im nachstehenden Abschnitt noch zusätzliche Informationen dargelegt werden, die bei einer Einordnung der eigenen Ergebnisse helfen können, Kontext herzustellen.

Engagement

Wie bereits mehrfach erwähnt wurde, ist Engagement in den meisten Modellen die entscheidende Referenzgröße. Sie dominiert in der Kommunikation nach innen und außen und ist auch oft die Zielgröße für aus den Befragungen abgeleitete Maßnahmen. Es geht darum, so die Botschaft, möglichst viele hoch engagierte Mitarbeitende im Unternehmen zu haben.

Allerdings existiert keine einheitliche Definition dazu, wann genau Mitarbeitende als engagiert anzusehen sind.

Die meisten Unternehmen sehen das Engagement als die Bereitschaft der Mitarbeitenden, ihr Bestmögliches für die Firma zu leisten, bzw. machen es an der emotionalen Verbundenheit der Mitarbeitenden mit dem Unternehmen und seinen Zielen fest.[97] Nicht wenige Unternehmen setzen es aber auch mit der Zufriedenheit der Mitarbeitenden am Arbeitsplatz gleich.[98]

Aufgrund der Diversität der Ansätze und Modelle kann es keine einheitliche, standardisierte Kennzahl für Engagement geben. Unterschiedliche Institute kommen daher zu ganz unterschiedlichen Größenordnungen.

So wird der Anteil der engagierten Mitarbeitenden weltweit beispielsweise wie folgt ermittelt und dargestellt:

---

[97] (hr.com, The State of Employee Engagement, 2018)
[98] ebenda

Netigate[99]	14 %
ADP Research Institute[100]	16 %
Gallup[101]	20 %
Peakon (Tochtergesellschaft von Workday) [102]	41 %
Qualtrics[103]	53 %
Kincentric (Tochtergesellschaft von Spencer Stuart) [104]	68 %

Derart große Unterschiede bei völlig seriösen Anbietern verdeutlichen die Verschiedenheit der methodischen Ansätze.

Alle Anbieter sehen auch jeweils deutliche regionale Unterschiede (s. Abb. 13). Auch branchenspezifische Aspekte spielen eine Rolle.[105] Diverse Studien stellen hingegen – einer weit verbreiteten Annahme zum Trotz – keine signifikanten Unterschiede bezüglich des Geschlechts fest.[106] [107]

---

[99] (Netigate, Mitarbeiter-Engagement – Welche Faktoren beeinflussen das Engagement von Mitarbeitern in Deutschland?, 2021)

[100] (Hayes M. et al, The Global Study of Engagement, ADP Research Institute, 2018)

[101] (Gallup, State of the Global Workplace Report, 2021)

[102] (Heartbeat by Peakon, Global Employee Engagement Data 2020, 2021)

[103] (Qualtrics, 2020 Global Employee Experience Trends, 2020)

[104] (Kincentric, 2020 Trends in Global Employee Engagement, 2021)

[105] s. zu beiden Aspekten weiterführende Ausführungen an anderer Stelle in diesem Buch

[106] (Hayes M. et al, The Global Study of Engagement, ADP Research Institute, 2018)

[107] (Heartbeat by Peakon, Global Employee Engagement Data 2020, 2021)

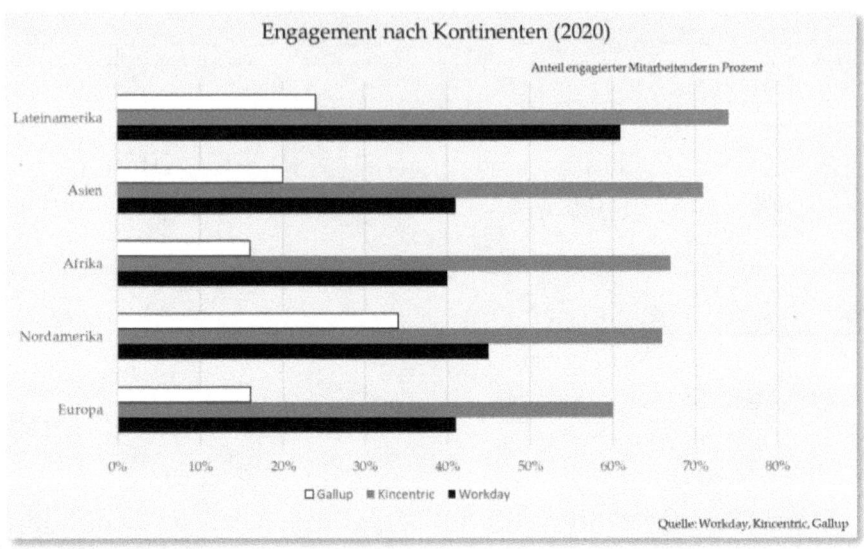

Abbildung 13: Engagement nach Kontinenten

Im letzten Jahrzehnt hat sich das Engagement der Mitarbeitenden weltweit tendenziell verbessert.

Diverse Studien über die langjährige Entwicklung des Mitarbeiterengagements   zeigen – nach teilweise klaren Einbrüchen in der Zeit um die Finanzkrise – im letzten Jahr-zehnt eine mehr oder weniger kontinuierliche Entwicklung zu mehr Engagement (s. Abb. 14).

Setzt man das Jahr 2008 auf 100, liegen die Werte ein gutes Jahrzehnt später um 20 bis 30 Punkte höher.

Diese Grundtendenz sollte auch beim Blick auf die eigenen Ergebnisse nicht außer Acht gelassen werden. Ein moderat steigender Engagement-Wert muss also nicht unbedingt allein auf positive firmeninterne Entwicklungen zurückzuführen sein.

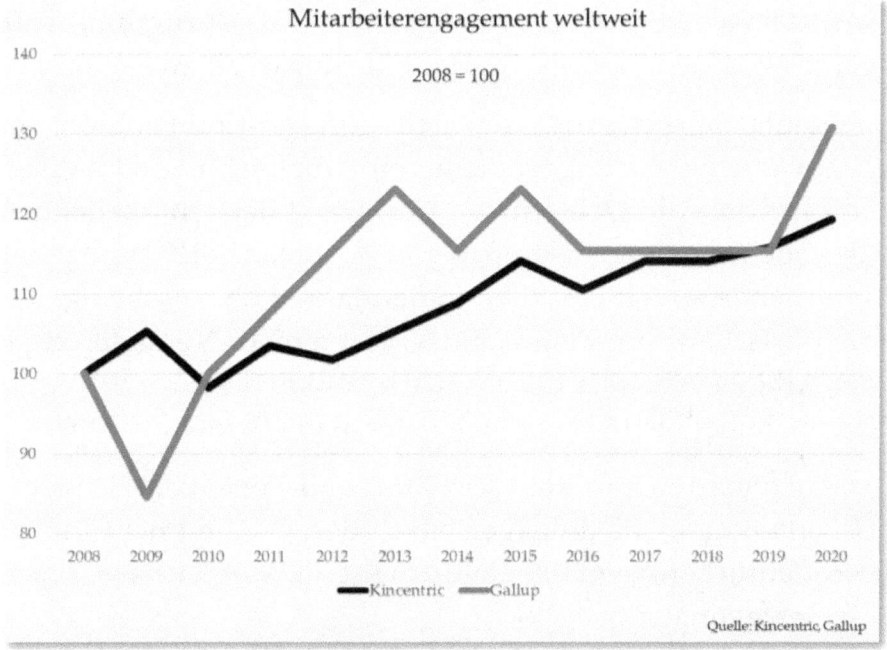

Abbildung 14: Mitarbeiterengagement weltweit

Gewisse Tendenzen gibt es auch bei der Zugehörigkeit zu bestimmten Unternehmensbereichen. Mitarbeitende in HR und im Vertrieb zeigen in der Regel die höchsten Engagement-

Werte, während Mitarbeitende in Produktentwicklung und Produktion die relativ geringsten Werte aufweisen.[108]

Trotz aller Fokussierung ist es dennoch fraglich, ob das Messkonstrukt „Engagement" tatsächlich tauglich ist, dem Topmanagement als konkrete Entscheidungsgrundlage zu dienen.

Zunächst wird suggeriert, Mitarbeiterengagement sei etwas, das sich kontinuierlich verändere. Dies ist zumindest aus der praktischen Perspektive der Führungskraft zweifelhaft.

Einmal jährlich erhebt das Befragungsinstitut Gallup[109] seit 2001 weltweit das Engagement von Arbeitnehmern. Im ersten Jahr lag dabei in Deutschland der Anteil der Mitarbeitenden, die „hoch engagiert" waren, bei 16 %. Im Jahr 2019 lag der entsprechende Anteil bei 15 %. In den Jahren dazwischen gab es die Wirtschafts- und Finanzkrise, gravierende Veränderungen der Arbeitswelt, aber der Wert schwankte dennoch wenig: Er lag nie höher als 16 % und nie tiefer als 11 % im Jahr 2009.

Auch ein Blick in die Geschäfts- und Personalberichte der Unternehmen, die Engagement- oder Commitment-Indices veröffentlichen, zeigt über Jahre meist nur vergleichsweise wenig Bewegung.

Der Einfluss von Vorgesetzten auf das Engagement der Mitarbeitenden ist im Übrigen geringer als vielfach angenommen. Die Faktoren, die Engagement treiben (s. Abb. 15), sind oft nur bedingt durch Vorgesetzte beeinflussbar. Dabei gibt es

---

[108] (Klemp N. et al, Employee Engagament Trends 2020, Emplify, 2021)

[109] (Gallup, Engagement Index Deutschland, 2019)

signifikante regionale Unterschiede, auf die an anderer Stelle in diesem Buch noch näher eingegangen wird.

Das Beratungsunternehmen Netigate hat sogar einen Zusammenhang zwischen Engagement-Niveau und der Häufigkeit von Befragungen festgestellt. Die alleinige Durchführung kann also unter gewissen Umständen schon das Engagement signifikant steigern.[110]

Der HR-Dienstleister ADP hat in einer eigenen Studie festgestellt, dass das Engagement von Mitarbeitenden signifikant variiert, je nachdem ob sie Teil eines (auch virtuellen oder informellen) Teams sind oder als „Einzelkämpfer" in der Hierarchie arbeiten.[111] Danach sind im Team Arbeitende 2,3-mal engagierter.

Auch in einer globalen Befragung nach Arbeitnehmerpräferenzen („was ist Ihnen im Job am wichtigsten?") stellte das Beratungsunternehmen BCG fest, dass weltweit folgende Faktoren am häufigsten genannt wurden:[112]

1. Verhältnis zu Kollegen
2. Work-Life-Balance
3. Verhältnis zu direkter Führungskraft
4. Weiterbildungsmöglichkeiten
5. Entwicklungsmöglichkeiten.

---

[110] (Netigate, Mitarbeiter-Engagement – Welche Faktoren beeinflussen das Engagement von Mitarbeitern in Deutschland?, 2021)

[111] (Hayes M. et al, The Global Study of Engagement, ADP Research Institute, 2018)

[112] (BCG, Decoding Global Talent, 2018)

Auch hier ergaben sich regionale Unterschiede, die ebenfalls an anderer Stelle in diesem Buch noch näher beleuchtet werden.

Eine Studie von LeadershipIQ ergab, dass die eigene Einstellung der Mitarbeitenden (Optimismus, Zuversicht, Arbeitsethos, Selbstmotivation) einen größeren Einfluss auf das Engagement hat als die Verhaltensweisen der Vorgesetzten.[113]

Vielleicht tun sich auch deshalb viele Unternehmen schwer, aus Mitarbeiterbefragungen konkrete Maßnahmen abzuleiten. Nach einer Untersuchung von Qualtrics sind nur 35 % der Mitarbeitenden überzeugt, dass ihre Firma Mitarbeiterfeedback gut oder sehr gut in konkrete Aktionen umsetzt.[114]

---

[113] https://www.leadershipiq.com/blogs/leadershipiq/employee-engagement-is-less-dependent-on-managers-than-you-think (abgerufen 8.2.2021)

[114] (Qualtrics, 2020 Global Employee Experience Trends, 2021)

Das bedeutet im Umkehrschluss, dass dies in zwei Dritteln der Fälle nicht geschieht oder zumindest, dass Mitarbeitende aus der Befragung abgeleitete Maßnahmen nicht mit dieser in Verbindung bringen.

Toptreiber von Mitarbeiterengagement

Qualtrics (2020)	Towers Perrin (2009)	Corporate Leadership Council (2006)
Vertrauen in das Top-management	Interesse der Unternehmensleitung an Mitarbeitern	Entwicklungsmöglichkeiten
Entwicklungsmöglichkeiten	Entscheidungsfreiheit	Qualität des Managements
Erkennbare Verbindung zwischen eigenem Job und Firmenstrategie	Ruf des Unternehmens, soziale Verantwortung zu übernehmen	Respekt
Anerkennung	Entwicklungsmöglichkeiten	Anerkennung
Unterstützung durch Vorgesetze	Vorgesetzter weckt Begeisterung	Entscheidungsfreiheit

Quellen: Qualtrics, 2020 Global Employee Experience Trends, 2021; Towers Perrin Global Workforce Study 2008, Corporate Leadership Council, Drivers of Commitment, 2006

Abbildung 15: Toptreiber von Mitarbeiterengagement

Damit werden durch die Befragung bei den Mitarbeitenden geweckte Erwartungen auf breiter Front enttäuscht und (auch hier) Glaubwürdigkeit langfristig untergraben.

Es wäre ohnehin vielleicht an der Zeit zu fragen, ob die Messung des Engagements nicht an den Interessen des Unternehmens vorbeigeht, so wie vor Jahrzehnten die Erhebung von Zufriedenheit. Engagement ohne konkreten Bezug zur tatsächlichen Leistung ist wenig greifbar.

Dieser Nachweis ist schwer zu führen, da die Anonymität der Befragung (die technisch gesehen oft keine wirkliche, sondern nur eine organisierte Vertraulichkeit ist),

Datenschutzvorschriften und/oder mangelnde Verfügbarkeit von Daten eine konkrete Analyse erschweren.

Es gibt inzwischen erste Erkenntnisse auf diesem Gebiet. In einer breit angelegten Untersuchung in den USA wurden für 207 Firmen die Befragungsdaten mit den Leistungsbeurteilungen gekreuzt.

Das Ergebnis war erstaunlich und legt nahe, dass Mitarbeitende mit dem höchsten Engagement nicht immer die besten Performer im Unternehmen sind.[115]

Im Ergebnis waren in 42 % der Fälle die Engagement-Werte der „Minderleister" höher. Auch waren „Minderleister" stärker bereit, ihre Firma als guten Arbeitgeber weiterzuempfehlen.

Schließlich gilt es zu bedenken, dass die Annahme, ein hohes Maß an Engagement sei immer auch entsprechend positiv, nicht zutrifft. Es kann beispielsweise zu einem Haloeffekt führen, der Führungskräfte und sogar Mitarbeitende davon abhält, sich mit organisatorischen Problemen auseinanderzusetzen und Verbesserungsmöglichkeiten zu erkennen.

Hohe Engagement-Werte können auch dazu führen, dass spezifische Sorgen der Belegschaft übersehen werden oder dass ein zu großer Fokus auf die Erhaltung des Status Quo gelegt wird.

---

[115] (Murphy M., Job Performance not a Predictor of Employee Engagament, Leadership IQ Whitepaper, 2013)

Das Beratungsunternehmen Mercer fasste dies wie folgt zusammen:

> *„Eine hoch engagierte Belegschaft kann auch eine Kehrseite haben, derer sich unserer Erfahrung nach nur wenige Führungskräfte und Manager bewusst sind."*[116]

Praktische Tipps

- ✓ Schauen Sie genau auf das zugrundeliegende Modell, bevor Sie sich von den absoluten Engagement-Werten beeindrucken lassen (positiv oder negativ).
- ✓ Fokussieren Sie in der Analyse nicht zu sehr auf Engagement, sondern betrachten Sie den Gesamtkontext.
- ✓ Fragen Sie sich, ob es für das Ergebnis Einflussfaktoren gibt, die außerhalb Ihrer Kontrolle liegen.
- ✓ Überlegen Sie bei guten Ergebnissen dennoch, wo es ggf. Verbesserungsbedarf geben könnte.

---

[116] (Mercer, Engaging Today's Workforce – Insights from 25 Years of Research, 2017)

Befähigung/Arbeitsumfeld (inkl. Empowerment)

In vielen Befragungen wird ein weiterer Fokus auf das Arbeitsumfeld gelegt. In manchen Modellen als „Enablement" gekennzeichnet, geht es im Wesentlichen um die Rahmenbedingungen, die (hoffentlich engagierte) Mitarbeitende vorfinden, um ihre Arbeitsleistung „auf die Straße zu bringen".

Dies ist ein weites Feld und kann so unterschiedliche Aspekte wie

- Arbeitserlebnis
- Empowerment
- Entscheidungswege
- Infrastruktur
- Prozesse
- Ressourcen
- Rollen und
- Strukturen

enthalten.

Wegen dieser Vielfalt der Einflussfaktoren ist es nicht einfach, die richtigen Stellschrauben zu identifizieren.

Die Experten von Sage kommen zu dem Schluss, dass es letztlich immer um drei Elemente gehe:[117]

- die physische Arbeitsumgebung
- die gelebte Unternehmenskultur
- die technische Ausstattung.

---

[117] https://www.sage.com/de-de/blog/der-einfluss-ihrer-fuehrungskraefte-auf-positive-mitarbeiter-erfahrungen/ (abgerufen 3.8.2021)

Werde auch nur eine dieser Dimensionen vernachlässigt, sei eine positive ganzheitliche „Employee Experience" schon nicht mehr möglich – auch wenn andere Elemente positiv ausgeprägt seien.

Folgt man dieser Denkschule, ergeben sich klare Hebelwirkungen bei den Ergebnissen in dieser Kategorie. Es bedeutet auch, dass es nicht möglich ist, einen Schwachpunkt isoliert zu tolerieren, ohne weiterreichende Folgen in Kauf zu nehmen.

Generell erleben viele Mitarbeitende ihr Arbeitsumfeld als nicht uneingeschränkt leistungsfördernd. Nur etwas mehr als die Hälfte der Mitarbeitenden weltweit sind nach Untersuchungen von Korn Ferry der Auffassung, es bestünden in ihrem Unternehmen keine signifikanten Hindernisse, ihre Arbeit effektiv zu verrichten.[118] Im Umkehrschluss erleben also fast 40 % der Mitarbeitenden entsprechende Hindernisse.

Daten über diese Wahrnehmungen sind natürlich jeweils firmenintern und nur selten öffentlich verfügbar. Immer wieder zeigen aber auch viele zugängliche Daten, wo die empfundenen Schwachstellen liegen:

- *Ressourcen:* Personalmangel ist eine verbreitete Ursache für eine Mehrbelastung der Beschäftigten. 54 % der Mitarbeitenden machen sich Sorgen wegen einer nicht adäquaten Personaldecke.[119] 38 % geben an, dass sie aufgrund fehlenden

---

[118] (Hay Group (jetzt Korn Ferry), Warum Engagement alleine nicht (mehr) reicht, 2014)
[119] Hay Group International Conference Prague 2013, Engagement Workshop

Personals sehr häufig/oft mehr arbeiten müssen. [120] 10 % geben sogar an, sie hätten nie genug Zeit, ihre Arbeit zu erledigen. [121]

- *Rollen, Strukturen und Prozesse*: Hier herrscht oft Unklarheit. 31 % der Mitarbeitenden sehen sich widersprüchlichen Anforderungen ausgesetzt. [122] Ebenfalls 31 % erhalten keine klaren Ziele [123] und 36 % glauben, dass ihre Vorgesetzten nicht gut planen. [124] 49 % der Belegschaft glaubt nicht, dass ihre Firma organisatorisch gut aufgestellt ist. [125]

- *Training*: Mangelnder Zugang zu Weiterbildung beeinflusst Mitarbeitende ebenfalls. 55 % der Mitarbeitenden sind der Auffassung, nicht genug Zeit zu haben, um Weiterbildungsmöglichkeiten wahrzunehmen [126] und 42 % glauben, keine Weiterbildungsmöglichkeiten wahrnehmen zu können. [127]

- *Infrastruktur und Unterstützung*: Nur ein Bruchteil der Arbeitgeber ist auf dem

[120] (Deutscher Gewerkschaftsbund (DGB), Gute Arbeit Jahresbericht, 2019)

[121] (Eurofound/ILO, Working conditions in a global perspective, 2017)

[122] (Deutscher Gewerkschaftsbund (DGB), Gute Arbeit Jahresbericht, 2020)

[123] (Hay Group International Conference Prague 2013, Engagement Workshop)

[124] (Deutscher Gewerkschaftsbund (DGB), Gute Arbeit Jahresbericht, 2020)

[125] (Hay Group International Conference Prague 2013, Engagement Workshop)

[126] ebenda

[127] (Deutscher Gewerkschaftsbund (DGB), Gute Arbeit Jahresbericht, 2020)

neuesten Stand der Technik, was die Ausstattung mit Geräten und Anwendungen betrifft. Einer Studie zufolge sind lediglich 17,2 % der Arbeitnehmer vollkommen zufrieden mit der technischen Ausstattung und IT-Ausstattung ihres Arbeitsplatzes.[128] Ebenso vermissen Mitarbeitende an ihrem Arbeitsplatz die Möglichkeit, individuelle Einstellungen vorzunehmen (etwa zu Licht und Temperatur) und würden sich stärker ein Ambiente zum Wohlfühlen wünschen.[129] Während Mitarbeitende mit der Zusammenarbeit im eigenen Team überwiegend zufrieden sind, fühlen sich 47 % von anderen Stellen im Unternehmen nicht ausreichend unterstützt.[130]

- *Empowerment*: Etwa ein Drittel der Mitarbeitenden haben das Gefühl, nicht genügend Befugnisse und/oder Autorität zu besitzen, um ihre Arbeit effektiv auszuführen.[131]

Es ist also wenig wahrscheinlich, dass eine Befragung in diesen Bereichen keine dieser Wahrnehmungen in einer gewissen Ausprägung ausweist. An anderer Stelle wird noch

---

[128] (IDG, Studie Arbeitsplatz der Zukunft, 2018)

[129] ebenda

[130] ebenda

[131] (Hay Group (jetzt Korn Ferry), Warum Engagement alleine nicht (mehr) reicht, 2014)

näher darauf eingegangen, welche Hebelwirkungen Maßnahmen hier überhaupt entfalten können.

Praktische Tipps

✓ Versuchen Sie, die Elemente, die zur Befähigung beitragen, gesamthaft zu betrachten
(„Employee Experience") und Maßnahmen
dementsprechend anzugehen.

✓ Bedenken Sie, dass diese Dimensionen einen
wichtigen Hebel für die Nachhaltigkeit des Engagements darstellen können.

✓ Bleiben Sie in den Erwartungen dessen, was erreichbar ist realistisch.

Stolz

Stolz auf den eigenen Job bzw. den eigenen Arbeitgeber ist ein wichtiger Aspekt, der in vielen Mitarbeiterbefragungen abgefragt wird.

Hintergrund ist, dass in vielen Ländern Stolz der Faktor Nr. 1 ist, der Mitarbeitende in ihrem Job glücklich sein lässt.[132] Dies ist beispielsweise in den USA und dem Vereinigten Königreich der Fall. In Deutschland spielen hingegen Fairness und Respekt eine noch stärkere Rolle.[133]

In Deutschland sind laut des Fachmagazins „Personalwirtschaft" 64,1 % der Mitarbeitenden stolz auf ihren Job.[134] Damit sind die Deutschen weniger stolz auf ihre eigene Arbeit als Kollegen in Belgien (80 %), den Niederlanden (70,7 %) und dem Vereinigten Königreich 64,5 %), liegen aber vor den französischen Arbeitnehmern (57,1 %).[135]

Zu ähnlichen Erkenntnissen kommt das Befragungsinstitut Gallup, nach dessen Erhebungen 60 % der Mitarbeitenden in Deutschland stolz auf ihren Arbeitgeber sind.[136]

Einen fast gleichen Wert stellte das Unternehmen Steelcase in einer globalen Studie fest, die vom Meinungsforschungs-

---

[132] (Robert Half, Die Zeit ist reif. Glücklich Arbeiten, 2018)

[133] ebenda

[134] https://www.personalwirtschaft.de/der-job-hr/arbeitswelt/artikel/mehrheit-stolz-auf-und-zufrieden-mit-job.html#:~:text=In%20Deutschland%20sind%2064,1,stol-zen%20Arbeitnehmer%20aber%20noch%20gr%C3%B6%C3%9Fer (abgerufen 10.8.2021)

[135] ebenda

[136] https://dbkvs.de/wie-zufrieden-sind-deutsche-arbeitnehmer-wirklich/ (abgerufen 10.8.2021)

institut Ipsos durchgeführt wurde. Danach sind in Deutschland 66 % der Mitarbeitenden stolz, für ihr Unternehmen zu arbeiten (weltweit 69 %).[137]

Ipsos kam vor einigen Jahren im Auftrag von Edenred noch zu etwas anderen Ergebnissen. In einer europaweit angelegten Motivationsstudie ergab sich, dass eine Mehrheit der Mitarbeitenden in Deutschland den Job als Mittel zur sozialen und wirtschaftlichen Absicherung versteht bzw. als reine Routineaufgabe.

Dabei schöpfte nur eine Minderheit Freude und Stolz aus ihrem Job. Gemeinsam mit Italien gehörten die Deutschen in der Studie dabei zu den Schlusslichtern in Europa. Dies lag nach Ansicht der Studienleiter vor allem auch an der schwachen Identifikation der Mitarbeitenden mit ihrem Arbeitgeber.[138]

Praktischer Tipp

✓ Betrachten Sie Ihre Ergebnisse zu Stolz mit Umsicht. Weisen Ergebnisse in Deutschland aus, dass etwa zwei Drittel der Mitarbeitenden stolz darauf sind, für die eigene Firma zu arbeiten, sagt dies wahrscheinlich noch relativ wenig über das Unternehmen aus.

---

[137] (Steelcase, Global Report Mitarbeiterengagement und Arbeitsplätze weltweit, 2016)

[138] https://www.pressebox.de/inaktiv/edenred-deutschland-gmbh/Europaweite-Motivationsstudie-zeigt-Deutsche-Arbeitnehmer-blicken-besonders-positiv-in-die-Zukunft/boxid/499908 (abgerufen 10.8.2021)

Extrameile

Ebenfalls in vielen Mitarbeiterbefragungen befinden sich Fragen zur Bereitschaft der Mitarbeitenden, sich über das geforderte Maß hinaus für die eigene Firma einzusetzen, also die sogenannte „Extrameile" zu gehen.

Nach Erkenntnissen britischer Forscher wird diese Bereitschaft sehr stark von intrinsischer Motivation geprägt, insbesondere die Erfüllung und der Stolz, die aus den Inhalten der eigenen Tätigkeit erwachsen. In dem Maß, wie Wissensarbeit zunimmt, steigen auch diese Werte.[139]

Nach einer globalen Studie von Steelcase fühlen sich in Deutschland 63 % der Mitarbeitenden von ihrer Arbeit motiviert.[140] Da überrascht es nicht, dass Korn Ferry zu dem Ergebnis kommt, in Europa fühlten sich 66 % der Arbeitnehmer motiviert, für ihr Unternehmen die Extrameile zu gehen.[141]

Dazu passt auch, dass zur Jahrtausendwende der Anteil derer, die bereit waren, die Extrameile zu gehen, noch in der Minderheit waren.[142]

Die sogenannten „Extrameiler" erfüllen in jedem Unternehmen eine wichtige Aufgabe. Forscher der Universität Iowa

---

[139] (Goddard J., Eccles T., Uncommon Sense, Common Nonsense – why some organisations consistently outperform others, Profile Books, 2012)

[140] (Steelcase, Global Report Mitarbeiterengagement und Arbeitsplätze weltweit, 2016)

[141] (Hay Group (jetzt Korn Ferry), Warum Engagement alleine nicht (mehr) reicht, 2014)

[142] https://www.personneltoday.com/hr/staff-willing-to-go-the-extra-mile-are-in-the-minority/ (abgerufen 11.8.2021)

haben insbesondere drei positive Aspekte identifiziert, die von ihnen ausgehen:[143]

- sie tragen dazu bei, die Arbeitsbelastung im Team proaktiv auszugleichen
- sie machen konstruktive Vorschläge und
- sie unterstützen andere Teammitglieder, die in Rückstand geraten sind.

Praktischer Tipp

✓ Es mag sich bei der Bewertung der Ergebnisse zur Bereitschaft, die Extrameile zu gehen, lohnen, nicht so sehr auf die Höhe des Anteils der „Extrameiler" zu schauen, sondern vielmehr auf deren Verteilung im Unternehmen.

---

[143] (Li, N., Zhao, H. H., Walter, S. L., Zhang, X.-a., & Yu, J., Achieving more with less: Extra milers' behavioral influences in teams. Journal of Applied Psychology, 2015)

Mitarbeiterbindung

Die Mitarbeiterbindung ist ein ebenfalls weit verbreitetes Element vieler Mitarbeiterbefragungen. Insbesondere vor dem Hintergrund der Risikobewertung ist sie ein wichtiger Aspekt.

Grundsätzlich muss in diesem Kontext – wie schon angesprochen – klar zwischen zwei Wahrnehmungen unterschieden werden, die in den Befragungen vorkommen:

1. Verbleibeerwartung und
2. Verbleibeabsicht.

Bei der Verbleibeerwartung geht es darum, ob Mitarbeitende der Meinung sind, sie werden in einem vorgegebenen Zeitraum (z. B. in zwei Jahren) noch im Unternehmen arbeiten.

Diese Gesamteinschätzung enthält also die Synthese aus zwei Aspekten:

- die Einschätzung der Sicherheit des eigenen Arbeitsplatzes
- die eigenen Absichten zu einem möglichen Arbeitsplatzwechsel.

Stehen also in einem Unternehmen Maßnahmen wie beispielsweise Sozialpläne, Kündigungen, Stilllegungen etc. auch nur gerüchteweise im Raum, wird das einen solchen Wert im Befragungsergebnis stark beeinflussen und dann nur bedingt als Risikoindikator dienen.

Besser geeignet ist die Frage nach der reinen Verbleibeabsicht, bei der Mitarbeitende angeben (sollen), ob sie aktuell einen Arbeitgeberwechsel ernsthaft in Erwägung ziehen.

Es ist umstritten, inwieweit ehrliche Antworten zu erwarten sind, selbst wenn die Anonymität glaubhaft zugesichert ist.

Verfügbare Umfragen zeichnen entsprechend ein sehr uneinheitliches Bild.

In einer Erhebung der Beratung EY gaben 7 % der Befragten an, sie würden wahrscheinlich die nächsten 12 Monate nicht bei ihrem aktuellen Arbeitgeber bleiben.[144]

Das Meinungsforschungsinstitut Ipsos stellte in einer für die Firma Edenred durchgeführten Studie fest, 5 % der Mitarbeitenden suchten aktiv nach einem neuen Job, weitere 29 % seien für interessante Angebote offen.[145]

Eine Studie der Beratungsgesellschaft Emplify sieht eine deutlich höhere Wechselbereitschaft. Demnach seien 33 % der Mitarbeitenden aktiv auf der Suche und 73 % grundsätzlich offen für neue Jobperspektiven.[146] Laut einer im Auftrag von Microsoft weltweit durchgeführten Befragung ziehen es 41 % der Mitarbeitenden zumindest in Betracht, ihren Arbeitgeber innerhalb der nächsten 12 Monate zu verlassen.[147]

Diese hohen Werte scheinen eher die Ausnahme.

Realistischer scheint die Einschätzung der Personalberatung Randstad zu sein, die den Anteil der Mitarbeitenden, die einen Arbeitgeberwechsel planen, in Europa bei 19 % sehen.[148]

---

[144] (EY, Work Reimagined, Global Employee Survey, 2021)

[145] (Edenred-Ipsos, Barometer 2015 Wohlbefinden und Motivation der Mitarbeiter, 2015)

[146] (Klemp N. et al, Employee Engagament Trends 2020, Emplify, 2021)

[147] (Microsoft, Work Trend Index Annual Report,, 2021)

[148] (Randstad, Employer Brand Research Global Report, 2021)

Das Befragungsinstitut Gallup kommt seinerseits auf 11 % der Mitarbeitenden, die in einem Jahr nicht mehr bei ihrem derzeitigen Arbeitgeber sein wollen. Dieser Anteil hat sich laut Gallup in den letzten zwei Jahren mehr als verdoppelt.[149]

Viele Mitarbeitende sorgen sich nach wie vor, ihren Arbeitsplatz zu verlieren. Das Portal „HR-Journal" berichtet, mehr als jeder fünfte Angestellte sei „sehr besorgt" hinsichtlich einer möglichen Arbeitslosigkeit, nur 26 % fühlen sich in ihrem aktuellen Job vollkommen sicher.[150]

Gemäß einer Umfrage der Beratungsgesellschaft von Rundstedt halten 26 % der Mitarbeitenden ihren Job für weniger sicher als vor ein paar Jahren.[151]

Die Coronakrise hat weitere Verunsicherung generiert. Nachdem die Krise bereits über ein Jahr andauerte, waren 56 % der Arbeitnehmer der Meinung, ein Jobwechsel sei aktuell riskant. 36 % fürchten, dass auf Kurzarbeit Entlassungen folgen werden.[152]

Der Deutsche Gewerkschaftsbund (DGB) kommt zu dem Ergebnis, dass sich über alle Branchen hinweg 10 % der Beschäftigten konkrete Sorgen um den Verlust des eigenen Arbeitsplatzes machen. In der Finanzbranche seien die Befürchtungen am stärksten. Hier liegt der Anteil sogar bei 23 %.[153]

---

[149] (Gallup, Engagement Index Deutschland, 2020)

[150] https://www.hrjournal.de/umfrage-mehr-als-die-haelfte-der-arbeitnehmer-fuerchtet-jobverlust/ (abgerufen 12.8.2021)

[151] (von Rundstedt, Talents & Trends Umfrage, 2019)

[152] (von Rundstedt, Talents & Trends Umfrage, 2020)

[153] (Deutscher Gewerkschaftsbund (DGB), Gute Arbeit Jahresbericht, 2020)

Die Verbleibe-Erwartung betrachtet Providers Qualtrics in einer Studie.[154] Diese stellte fest, 18 % der Mitarbeitenden weltweit erwarteten, weniger als noch ein Jahr bei ihrem derzeitigen Arbeitgeber zu arbeiten.[155]

Dabei gibt es allerdings deutliche Unterschiede nach Branchen: Die geringste Verbleibeerwartung verzeichnet nach dieser Untersuchung der Einzelhandel, die höchste IT und Technologie.[156]

Es ist also durchaus realistisch anzunehmen, dass zwischen einem Fünftel und einem Viertel der Belegschaft sich mit Abwanderungsgedanken zumindest beschäftigt bzw. einen Jobverlust fürchtet.

Inwieweit hieraus allerdings ein konkretes Risiko für das Unternehmen entsteht, hängt von einer ganzen Reihe von Faktoren ab. Diese sind beispielsweise:

- Wie kritisch sind die Bereiche des Unternehmens, in denen Abwanderungstendenzen ggf. erhöht sind?
- Wie gestaltet sich aktuell der Arbeitsmarkt für diese Bereiche?
- Welche Fluktuation strebt das Unternehmen für diese Bereiche an?[157]

---

[154] ebenda

[155] (Qualtrics, 2020 Global Employee Experience Trends, 2021)

[156] ebenda

[157] Ein konstanter Grad an Fluktuation ist aus gesamtunternehmerischer Sicht durchaus wünschenswert. Hierzu schreibt etwa das Fachportal „haufe.de": „*Es trägt dazu bei, die Belegschaft ‚in Bewegung' zu halten und erlaubt neuen Ideen und Arbeitseinstellungen Zugang in das Unternehmen zu finden. Insbesondere Teams oder Abteilungen mit eingefahrenen Strukturen und/oder einem hohen Durchschnittsalter profitieren von Fluktuation*"

- Welche Kosten wären mit Neubesetzungen in diesen Bereichen verbunden?

In diesem Kontext entsteht oft der Wunsch, konkret die Individuen oder Gruppen zu identifizieren, die sich mit Abwanderungsgedanken tragen. Aufgrund der Anonymität ist dies natürlich nicht möglich. Sie sind lediglich durch in der Befragung verankerte demographische Merkmale eingrenzbar.

Eine besondere Risikolage kann sich ergeben, wenn verstärkt sogenannte „New Hires"[158] überproportional Abwanderungsabsichten hegen. Nach einer Untersuchung des Unternehmens meta HR ist dies bei 44 % der „New Hires" der Fall.[159] Gründe sind im Wesentlichen:[160]

- Unzufriedenheit mit Verdienstmöglichkeiten
- Aufgaben nicht wie erwartet
- Zusammenarbeit mit direkter Führungskraft passt nicht
- fehlende Karriereperspektive.

Der Aspekt der Risikobewertung von ungewolltem Fachkräfteverlust durch Auswertung von Mitarbeiterbefragungen dürfte zukünftig noch signifikant an Bedeutung gewinnen.

---

https://www.haufe.de/personal/haufe-personal-office-platin/fluktuation-managen-3-positive-und-negative-fluktuation_idesk_PI42323_HI955683.html (abgerufen 12.8.2021)

[158] Mitarbeitende, die vor weniger als einem Jahr ins Unternehmen eingetreten sind

[159] (metaHR, Candidate Journey Studie, 2017)

[160] ebenda

Seit Beginn der Corona-Krise wurden dramatische Umwälzungen am Arbeitsmarkt losgetreten. Die „Washington Post" etwa berichtete, dass in 2021 die Anzahl der Mitarbeitenden, die von sich aus ihren Job gekündigt haben, in den USA ein neues Rekord-Hoch erreicht habe. Die Zeitung nannte das Phänomen „The Great Resignation" und diagnostizierte, dass daraus inzwischen ein globaler Trend geworden sei.[161] Auch die „Harvard Business Review" beschäftigte sich mit dem Thema. Danach habe die Corona-Pandemie bei nahezu allen Mitarbeitenden gleichzeitig zwei Prozesse in Gang gesetzt:

1. haben Mitarbeitende stärker über ihr Leben und ihre Zukunft nachgedacht und daraus oft den Willen zur Veränderung geschöpft.
2. haben Mitarbeitende durch das Arbeiten von zuhause und dessen allgemeiner Verbreitung für sich neue potenzielle Job-Chancen identifiziert (z.B. auch bei Firmen an räumlich weiter entfernten Standorten).[162]

Allerdings sind die Entwicklungen offenbar sehr unterschiedlich, wenn man auf einzelne Branchen oder Firmen schaut.[163]

Gleichzeitig sind aber auch in erheblichem Maße Arbeitsplätze verloren gegangen. Der Wirtschaftspublizist Gabor

---

[161] (The Washington Post, The 'Great Resignation' goes Global, 18.10.2021)

[162] (Cook I., Who is Driving the Great Resignation, Harvard Business Review 09/2021, 2021)

[163] ebenda

Steingart brachte dies in seinem täglichen Briefing für Führungskräfte anschaulich auf den Punkt:

> *„Der Weltarbeitsmarkt wurde an seinem unteren Ende regelrecht aus den Angeln gehoben. Das Arbeitsvolumen nach Stunden brach zum Höhepunkt der Krise 2020 um 8,8 Prozent im Vergleich zum Vor-Corona-Niveau ein. Laut Internationaler Arbeitsorganisation bedeutet dies auf Personen umgerechnet: 255 Millionen Menschen verloren ihren Job. Insgesamt waren die Arbeitszeitverluste im Jahr 2020 etwa viermal so hoch wie während der Finanzkrise 2009.*[164]*"*

Es ergeben sich hier also zwei komplexe Entwicklungen am Arbeitsmarkt, mit denen Unternehmen sich auseinandersetzen müssen. Dazu können die entsprechenden Daten aus der Mitarbeiterbefragung sehr wertvolle Hinweise auf das tatsächliche Risiko ergeben, gerade, wenn es allgemeingültige Trends nicht (mehr) gibt.

---

[164] Steingart Morning Briefing 29.10.2021

Praktische Tipps

- ✓ Schauen Sie genau, was das Ergebnis wirklich ausweist: Verbleibeabsicht oder Verbleibeerwartung.
- ✓ Interpretieren Sie die Ergebnisse und die daraus abgeleitete Risikoanalyse im Lichte der konkreten Arbeitsmarktsituation und Ihrer strategischen Personalplanung.
- ✓ Betrachten Sie besonders, wie die Werte für die „New Hires" aussehen und ob sie sich von dem Rest der Belegschaft signifikant unterscheiden.

Arbeitgeberimage

Mit der Verbleibeabsicht eng verbunden ist das Arbeitgeberimage. Typischerweise wird das Arbeitgeberimage im externen Arbeitsmarkt gemessen, um festzustellen, welche Anziehungskraft das Unternehmen auf potentielle externe Bewerber ausübt.

An dieser Stelle jedoch geht es darum, wie existierende Mitarbeitende ihr Unternehmen als Arbeitgeber sehen und ggf. auch bereit sind, es Freunden und Verwandten zu empfehlen.

Nach einer Studie der Beratung Effectory würden nur 28 % aller Arbeitnehmer ihren Arbeitgeber an Freunde und Bekannte weiterempfehlen.[165] Ohne jeglichen Kontext sagt dieser

---

[165] (Effectory, Global Employee Engagement Index, 2021)

Prozentsatz wenig aus, er gewinnt aber an Gewicht, wenn man dazu sieht, dass 36 % der Mitarbeitenden negativ über das Unternehmen sprechen, für das sie arbeiten.[166]

Etwas höher liegt laut Gallup die Bereitschaft, den eigenen Arbeitgeber zu empfehlen: 34 % der Mitarbeitenden in Deutschland würden dies demnach tun.[167]

Im Zusammenhang mit der Erhebung des Arbeitgeberimages bei den eigenen Mitarbeitern arbeiten viele Unternehmen mit dem „employee Net Promoter Score" (eNPS). Teilweise wird diese Kennzahl sogar als Ersatz bzw. Alternative für weitergehende Mitarbeiterbefragungen gesehen.

Die Berechnung des eNPS ist technisch identisch mit der Berechnung eines kundenspezifischen NPS. Ausgehend von der Frage

> *„Bitte geben Sie anhand einer Skala von 0 bis 10 an, wie wahrscheinlich es ist, dass Sie Firma XY als Arbeitgeber empfehlen würden" (oder ähnlich)*

wird die Gesamtzahl der negativen Antworten (Bewertungen schlechter als 7) von der Gesamtzahl der positiven Antworten (Bewertungen 9 und 10) subtrahiert, was dann den eNPS ergibt.

---

[166] ebenda
[167] (Gallup, Engagement Index Deutschland, 2020)

In ihrer internationalen Studie kam die Beratung Effectory 2021 zu folgenden durchschnittlichen eNPS-Werten:[168]

Indien	+ 32,3	Malaysia	− 11,4
Brasilien	+ 10,9	Nigeria	− 15,6
USA	+ 8,3	Tschechien	− 20,6
China	+ 8,0	Finnland	− 23,7
Griechenland	+ 6,7	Frankreich	− 27,5
Indonesien	+ 1,9	Hong Kong	− 49,2
Südafrika	− 4,3	Japan	− 67,2

Es gibt verschiedene Untersuchungen über den durchschnittlichen globalen eNPS-Wert. Dieser wird meistens zwischen + 12[169] und + 21[170] angesiedelt. Die Beratung EY erfasste ebenfalls in einer großen globalen Befragung einen eNPS von +12.[171]

Es gibt aber auch Untersuchungen, die den Wert speziell in Europa mit − 10 deutlich niedriger ansiedeln.[172] Das passt letztlich auch zu den Ergebnissen des o. g. von Effectory durchgeführten internationalen Vergleichs.

---

[168] (Effectory, Global Employee Engagement Index, 2021), https://www.effectory.com/knowledge/do-you-recommend-your-employer-to-others/

[169] https://blog.perceptyx.com/employee-net-promoter-score (abgerufen 18.8.2021)

[170] (IMA, Voice of the Employee Trend Report, 2019)

[171] (EY, Work Reimagined, Global Employee Survey, 2021)

[172] https://www.deep-insight.com/what-is-a-good-employee-net-promoter-score/ (angerufen 18.8.2021)

Etwas höher und damit näher an globalen Werten verortet Netigate den eNPS in Europa. In einer Untersuchung in Deutschland, Österreich, Schweiz, Schweden, Norwegen, Finnland, Großbritannien und den Niederlanden lag der durchschnittliche eNPS in 2021 demnach bei + 16, nachdem er in 2020 bei + 17 und 2019 – vor Corona – bei + 9 gelegen hatte.[173]

Der eNPS kann rein theoretisch zwischen – 100 und + 100 liegen, ist oft auch tatsächlich im negativen Bereich. Es gibt international einen Konsens, dass ein Ergebnis im positiven Zahlenbereich schon als vollkommen akzeptabel gilt.[174] Liegt der eNPS zwischen 10 und 20 wird das als gutes Ergebnis gesehen, 20 bis 50 gilt als sehr gut, Werte über 50 als herausragend.[175]

Es gibt allerdings auch kritische Stimmen zur Nutzung des eNPS als Kennzahl. Diese brachte u. a. Benjamin Haarhaus, Berater der Deutschen Gesellschaft für Personalführung (DGP) im „Personalmagazin" auf den Punkt:[176]

> *„Die Berechnung (ist) problematisch, weil die Differenz von Promotoren und Detraktoren suggeriert, beide Gruppen ließen sich gegeneinander aufrechnen – man also nur genügend Promotoren brauche, um die Detraktoren auszugleichen. Diese Annahme widerspricht*

---

[173] (Netigate, Wie hat sich die Mitarbeiterbindung gegenüber dem Arbeitgeber seit 2019 entwickelt?, 2019)

[174] https://www.hrtechnologist.com/articles/employee-engagement/employee-net-promoter-score-a-good-measure-of-engagement/ (abgerufen 18.8.2021)

[175] https://eletive.com/blog/enps-the-ultimate-guide-to-employee-net-promoter-score/ (angerufen 18.8.2021)

[176] (Haarhaus B., Nur eine einzige Zahl, Personalmagazin 03/2015, 2015)

jedoch Forschungsergebnissen, die belegen,
dass Negatives in vielerlei Hinsicht schwerer
wiegt als Positives. [...] Schlussendlich ist die
Differenz zweier relativer Häufigkeiten nicht
leicht zu interpretieren. Die Verwendung von
Prozentwerten legt die falsche Interpretation
nahe, + 30 bedeute 30 Prozent mehr Promoto-
ren als Detraktoren."

Praktische Tipps

✓ Bleiben Sie mit Ihren Erwartungen realistisch. Typischerweise ist nur eine Minderheit der Mitarbeitenden bereit, ihren Arbeitgeber weiterzuempfehlen.

✓ Falls Ihre Befragungsergebnisse (auch) einen eNPS beinhalten, betrachten Sie diesen nicht isoliert. Machen Sie sich die Limitierungen dieses Ansatzes insbesondere auch in der Kommunikation bewusst.

✓ Ein (leicht) negativer eNPS muss kein Problem bedeuten.

Entwicklungsmöglichkeiten

Personalentwicklung in Unternehmen hat sich in den letzten Jahren kontinuierlich verändert. Anstelle eines stetigen Aufstiegs in einer rollenbasierten Laufbahn bewegen sich viele Organisationen auf ein Modell zu, das es dem einzelnen Mitarbeitenden ermöglicht, wertvolle Erfahrungen zu sammeln, neue Rollen zu erkunden und sich ständig neu zu erfinden.

Der Unterschied besteht u. a. darin, dass letzteres keine Top-down-Strategie mehr ist, sondern es darum geht, hierarchische Engpässe zu beseitigen und den Einzelnen zu befähigen, seine Leistung und Karriere selbst in die Hand zu nehmen.

In der Mitarbeiterbefragung wird also ein Fokus darauf liegen, inwieweit Mitarbeitende für sich diese Möglichkeiten erkennen. Auch hier wird nach unterschiedlichen Mitarbeitergruppen zu differenzieren sein, um bei Problemen gezielt gegenzusteuern.

Auf diesem Gebiet zeigen viele Unternehmen noch Verbesserungsbedarf. In einer weltweiten Studie von Deloitte schätzten 59 % der Befragten ihre Unternehmen als nicht oder nur bedingt effektiv ein, wenn es darum geht, den Mitarbeitenden die Möglichkeit zu geben, ihre eigene Karriere zu gestalten.[177]

---

[177] (Lahiri G., Schwartz J., Volini E., Global Human Capital Trends, Deloitte, 2018)

Praktischer Tipp

✓ Überlegen Sie bei Betrachtung der Ergebnisse auch, welche Transparenz bzgl. Entwicklungsmöglichkeiten Sie für Ihre Mitarbeitenden schaffen und wie dies zu den tatsächlichen Opportunitäten steht.

Kommunikation/Information

Die Wahrnehmung von Mitarbeitenden, wie sie im Unternehmen informiert werden, ist ebenfalls ein klassisches Element von Mitarbeiterbefragungen.

In vielen Unternehmen herrscht bei Mitarbeitenden ein Gefühl vor, sie seien nicht ausreichend informiert. In seinen Befragungen hat der Deutsche Gewerkschaftsbund (DGB) den Anteil der Mitarbeitenden, die sich nicht ausreichend und/oder rechtzeitig informiert fühlen, bei 33 % verortet.[178] Gemäß einer globalen Studie von Steelcase glauben in Deutschland 30% der Beschäftigten, sie hätten keinen ausreichenden Zugang zu Informationen im Unternehmen.[179]

Für diesen Zustand gibt es sicherlich zum Teil sachliche Gründe. In einer Studie der Universität Leipzig gaben 71,3 % der befragten Verantwortlichen für interne Kommunikation an, sie empfänden es als schwierig, die gesamte Mitarbeiterschaft zu erreichen.[180] Nach einer Studie der Agentur index haben auch rund 37 % der Unternehmen keine festgelegte Strategie für die interne Kommunikation.[181]

Allerdings spielen in diesem Fall auch emotionale Aspekte eine bedeutsame Rolle. Eine Gruppe von deutschen Kommunikationsexperten ist speziell der Frage nachgegangen, ob die

---

[178] (Deutscher Gewerkschaftsbund (DGB), Gute Arbeit Jahresbericht, 2020)

[179] (Steelcase, Global Report Mitarbeiterengagement und Arbeitsplätze weltweit, 2016)

[180] (Universität Leipzig/Staffbase GmbH, Benchmarking Digitale Mitarbeiterkommunikation 2020 – Empirische Studie zu Herausforderungen und Erfolgsfaktoren von Content-Management in der internen Kommunikation, 2020)

[181] https://crosswater-job-guide.com/archives/73874/neue-studie-zur-internen-kommunikation-jedes-dritte-unternehmen-ohne-strategie/ (abgerufen 19.8.2021)

immer wiederkehrende Klage von Mitarbeitenden über mangelnde Information objektiv begründbar ist. Sie kommen zu einem interessanten Schluss:

> *„Aus unserer Sicht besonders interessant ist das immer wieder angesprochene Gefühl unserer Gesprächspartner, dass es eigentlich nicht in erster Linie um Informationen geht, sondern um sich informiert zu fühlen – also eine Emotion."*[182]

In dieser Betrachtung kam auch noch ein zweiter Aspekt zutage:

> *„Wenn Mitarbeitende sich nicht gut informiert gefühlt haben, dann war es meistens, dass sie das Gefühl hatten, sie wurden übergangen, sie sind nicht mit einbezogen worden. Also die Informationen waren meistens da, aber nicht in der Form, wie der Mitarbeitende sie gebraucht hätte – der Abgleich zu den Kommunikationsbedürfnissen der Mitarbeitenden ist wichtig."*[183]

---

[182] https://kommunikationsrebellen.de/2020/11/23/die-aussage-wir-werden-schlecht-informiert-basiert-nicht-auf-fehlenden-informationen-oder-doch/ (abgerufen 13.8.2021)
[183] ebenda

Praktischer Tipp

✓ Für die Betrachtung der Befragungsergebnisse bedeutet dies konkret zweierlei: die Werte zu Kommunikation

- werden tendenziell niedriger sein als viele Werte anderer Dimensionen aus der Befragung
- müssen im Zusammenhang mit anderen Größen, insbesondere zur emotionalen Verbundenheit und dem Change-Management gelesen werden.

Tagesstimmungen

Manche Unternehmen sind in den letzten Jahren dazu übergegangen, anstelle (oder manchmal auch in Ergänzung zu) einer periodischen, umfänglichen Mitarbeiterbefragung die Stimmungslage der Mitarbeitenden auf täglicher (oder wöchentlicher) Basis mit wenigen Fragen zu erfassen.[184]

In so kurzen Abständen ist es natürlich nur sinnvoll, Aspekte zu analysieren, die sich auch tatsächlich in sehr kurzen Zeiträumen signifikant verändern können.

Dies sind beispielsweise Aspekte wie Geschäftsaussichten und die wirtschaftliche Situation, aber auch insbesondere

- Sorge
- Stress
- Wut
- Niedergeschlagenheit.

Das Ziel ist es, Führungskräften zu ermöglichen, relevante Veränderungen kurzfristig zu erkennen und darauf schnell zu reagieren.

Bei derartig volatilen Werten ist ein Vergleich natürlich besonders problematisch. Es gibt allerdings eine Reihe von Studien, die sich mit der Entwicklung dieser Dimensionen befassen.

---

[184] Nach Erkenntnissen der Beratungsgesellschaft Willis Towers Watson waren dies in 2020 6 % aller Unternehmen (Willis Towers Watson, Befragungsmonitor, 2020).

Das Befragungsinstitut Gallup hat sich besonders intensiv damit beschäftigt (s. Abb. 16).[185]

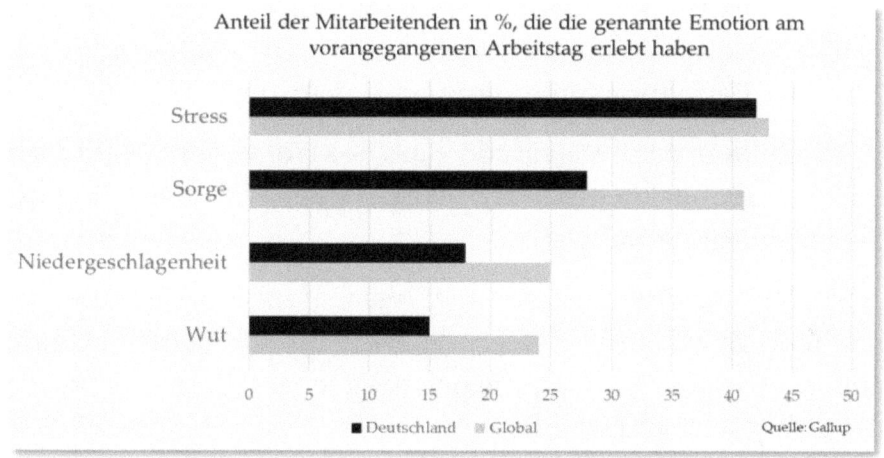

Anteil der Mitarbeitenden in %, die die genannte Emotion am vorangegangenen Arbeitstag erlebt haben

Abbildung 16: Kurzfristige Stimmungslagen von Mitarbeitenden

Danach sind die genannten negativen Emotionen bei deutschen Mitarbeitenden zum Teil deutlich weniger ausgeprägt, als dies weltweit der Fall ist. Lediglich das Stressniveau scheint vergleichbar. In einem mehrjährigen Vergleich hat Gallup die Trends herausgefiltert: Stress und Wut sinken tendenziell, die Niedergeschlagenheit nimmt leicht zu.[186]

Diese Art der Spontanbefragung ist allerdings auch umstritten. Zwar wird von Befürwortern argumentiert, im Rahmen eines agilen Managements der sogenannten „Employee Experience" seien derartige kurz getaktete Stimmungsbarometer zeitgemäß.

---

[185] (Gallup, State of the Global Workplace Report, 2021)

[186] ebenda

Es ergeben sich in der Praxis aber auch eine Reihe von Kritikpunkten:

- Es ist oft unklar, inwieweit hieraus tatsächlich konkrete Maßnahmen ableitbar sind.
- Befragungsmüdigkeit wird gefördert.

Hinzu kommt die Tatsache, dass es klare Unterschiede zwischen augenblicklicher und retrospektiver Wahrnehmung der gleichen Sachverhalte gibt.

Forschungsergebnisse deuten klar darauf hin, dass die momentane Bewertung von Ereignissen durch Menschen ganz anders ausfallen kann als die nachträgliche, reflektierte Bewertung der gleichen Ereignisse.[187]

So fanden Forscher beispielsweise heraus, dass die Erfahrung von Befragten mit ihrem Urlaub, die mit Hilfe von täglichen Erhebungen bewertet wurden, deutlich von der Bewertung des Urlaubs abwich, die anhand einer Reihe von Fragen erst nach dem Urlaub ermittelt wurde.[188]

Es sollte also bei der Interpretation der Befragungsergebnisse berücksichtigt werden, dass solche ad hoc gewonnenen Stimmungsbilder ein deutlich geringeres Maß an Reflexion der Befragten beinhalten.

---

[187] (Garrad L., Hyland P. K., Survey Research: A Critical Review of Theory and Practice, Mercer | Sirota, 2020)

[188] ebenda

Vergütung

Bei der Zufriedenheit mit der Vergütung geht es den wenigstens Mitarbeitenden darum, ob sie genug zum Leben verdienen. Nach einer Untersuchung der EU haben nur 8 % der fest angestellten Mitarbeitenden in der EU große oder sehr große Schwierigkeiten, mit ihrem Gehalt über die Runden zu kommen.[189]

Vielmehr geht es den meisten um ein subjektives Gefühl der Gerechtigkeit. Die amerikanische „Society for Human Resources Management" (SHRM) bringt es auf den Punkt:

> *„Die Zufriedenheit der Mitarbeiter hängt in erster Linie davon ab, ob sie die Bezahlung als gerecht empfinden, und nicht davon, wie viel sie tatsächlich erhalten. Die Einstellung der Mitarbeiter zur Vergütungsphilosophie und zum Vergütungsprozess des Unternehmens hat wahrscheinlich einen deutlich größeren Einfluss auf ihre Ansichten als ihre tatsächliche Vergütung."[190]*

Dieses Gerechtigkeitsempfinden ergibt sich allerdings auf drei völlig unterschiedlichen Ebenen, nämlich im Verhältnis

1. zur eigenen Leistung
2. zu anderen im gleichen Unternehmen
3. zum externen Arbeitsmarkt.

---

[189] (Eurofound/ILO, Working conditions in a global perspective, 2017)

[190] https://www.shrm.org/resourcesandtools/hr-topics/compensation/pages/pay-fairness-beats-higher-pay-for-engagement.aspx (abgerufen 1.9.2021)

Den ersten Aspekt, den empfundenen Leistungsbezug, decken viele Befragungen durch Statements ab wie:

„Meine Leistung wirkt sich merklich auf meine Vergütung aus." oder

„Ich erhalte für meine Leistungen ein angemessenes Gehalt."

In Deutschland stimmen solchen Aussagen nach einer breit angelegten Studie etwa 51 % der Mitarbeitenden zu.[191] Nur unter Geschäftsführern, Vorständen und Inhabern ist die empfundene (Leistungs-)Gerechtigkeit mit 83 % deutlich höher.[192]

Die zweite Dimension der empfundenen Vergütungsgerechtigkeit erfassen Fragen des Typs

„Im Vergleich zu Menschen, die eine vergleichbare Tätigkeit in meinem Unternehmen verrichten, werde ich angemessen bezahlt."

Nach einer Studie von World at Work und Korn Ferry äußern 17 % der Mitarbeitenden häufig oder sehr häufig Besorgnis über einen Mangel an interner Vergütungsgerechtigkeit.[193] 52 % der Führungskräfte glauben, dass interne Vergütungsgerechtigkeit einen großen bis sehr großen Einfluss auf Mitarbeiterengagement haben, aber nur 25 % der Unternehmen sehen sie als erfolgskritisch für sich selbst an.[194]

---

[191] (marktforschung.de/Questback, Gehaltsstudie 2018, 2019)

[192] ebenda

[193] (World at Work / Korn Ferry, Study of Reward Fairness and Equity, 2018)

[194] ebenda

Aus Sicht der Mitarbeitenden geht es natürlich stets um Wahrnehmungen, da sie in der Regel nicht auf über das Anekdotische hinausgehende Informationen über die tatsächlichen Vergütungshöhen im Unternehmen zugreifen können.

Dies trifft noch stärker auf den externen Arbeitsmarkt zu. Mitarbeitende haben starke Emotionen, aber nur wenige Fakten, um diese zu untermauern. Das führt zu interessanten Konstellationen.

Die Beratungsgesellschaft Payscale ist der Frage detailliert nachgegangen, wie Mitarbeitende ihre Bezahlung einschätzen und wie diese Einschätzung zu den tatsächlichen Marktgegebenheiten passt.

Dabei stellten die Berater fest, dass nur 33 % der Mitarbeitenden ihre Marktpositionierung tatsächlich richtig einschätzten. 61 % schätzten ihre Marktpositionierung zu niedrig ein, 6 % schließlich verorteten sich zu hoch.[195]

Besonders bemerkenswert ist, wie an anderer Stelle in diesem Buch schon festgestellt wurde, dass von allen Menschen, die glauben, dass sie unter Marktniveau bezahlt werden, 77 % tatsächlich marktkonform vergütet werden, während weitere 12 % sogar über dem Marktniveau liegen.[196]

---

[195] https://www.payscale.com/data/pay-perception (abgerufen 15.8.2021)
[196] ebenda

Das bedeutet, dass nur 11 % der Personen, die sich für unterbezahlt halten, dies auch tatsächlich sind.[197] Dagegen halten 31 % ihr Gehalt für eher nicht oder nicht marktgerecht.[198]

Praktische Tipps

- ✓ Machen Sie sich bewusst, dass Vergütung typischerweise kritisch gesehen wird.
- ✓ Verifizieren Sie die Befragungsergebnisse zunächst mit Marktvergleichsdaten. Ergibt sich ein ähnliches Bild, besteht wahrscheinlich kein akuter Handlungsbedarf.
- ✓ Überlegen Sie bei schlechten Ergebnissen, welches „Gerechtigkeitsempfinden" der Mitarbeitenden (persönlich, intern, extern) primär tangiert ist.

---

[197] Bezugswert für Vergleiche in diesem Kontext ist jeweils der Medianwert der Gehälter für vergleichbare Tätigkeiten im jeweiligen Arbeitsmarkt.

[198] (Marktforschung/Questback, Gehaltsstudie 2018, 2019)

Anerkennung und Respekt

Anerkennung und Respekt sind schon lange als wichtige Treiber von Mitarbeiterengagement identifiziert. Es sind zudem Faktoren, die – im Gegensatz zu manchen anderen – von der direkten Führungskraft sehr wohl zu beeinflussen sind.

Man könnte also meinen, Anerkennung zu zeigen und einen respektvollen Umgang zu pflegen, seien „low hanging fruits" beim Streben nach Mitarbeiterengagement und somit für alle Beteiligten eine Selbstverständlichkeit.

Erstaunlicherweise ist dies jedoch ganz offensichtlich nicht der Fall.

28 % der Mitarbeitenden in Deutschland geben an, dass sie von ihrer Führungskraft keine Wertschätzung erfahren.[199] 12 % fühlen sich sogar herablassend oder respektlos behandelt.[200]

Aber noch weitergehende Schwierigkeiten begleiten offensichtlich den Arbeitsalltag (zu) vieler Mitarbeitenden in Deutschland. Nach einer Studie des Statistischen Bundesamts haben Mobbing, sexuelle Belästigung, körperliche Gewalt oder die Androhung von Gewalt im Arbeitskontext gegenüber früheren Jahren sogar deutlich zugenommen. 2015 gaben 16 % der Befragten an, in den letzten zwölf Monaten am Arbeitsplatz belästigt oder bedroht worden zu sein.[201]

---

[199] (Deutscher Gewerkschaftsbund (DGB), Gute Arbeit Jahresbericht, 2020)

[200] ebenda

[201] (Statistisches Bundesamt Destatis, Studie Qualität der Arbeit, 2017)

Am häufigsten berichteten Erwerbstätige über verbale Beleidigungen am Arbeitsplatz (11 %). Je 5 % der Befragten gaben an, dass sie erniedrigendes Verhalten erfahren haben oder sich Mobbing ausgesetzt sahen. 3 % der Erwerbstätigen wurden am Arbeitsplatz bedroht. Seltener traten unerwünschte sexuelle Annäherungsversuche, körperliche Gewalt und sexuelle Belästigung auf.[202]

Praktische Tipps

- ✓ Hinweise auf respektloses Verhalten sollten auch bei vermeintlich kleinen Prozentzahlen immer als Alarmsignal gesehen werden.
- ✓ Nehmen Sie Anerkennung und Respekt als Hebel für positive Veränderung sehr ernst.

Zusammenarbeit

Bei der Zusammenarbeit sieht man immer wieder ein typisches Bild: Die Zusammenarbeit im eigenen Team funktioniert aus Sicht der Mitarbeitenden recht gut, die abteilungsübergreifende Kollaboration gestaltet sich schwieriger.

So gaben beispielsweise bei einer Untersuchung des Statistischen Bundesamts insgesamt 66 % der Befragten an, immer oder meistens von ihren Kolleginnen und Kollegen unterstützt zu werden.[203]

---

[202] ebenda

[203] https://www.destatis.de/DE/Themen/Arbeit/Arbeitsmarkt/Qualitaet-Arbeit/Dimension-7/beziehung-kollegen-vorgesetztenl.html (abgerufen 16.8.2021)

75 % der Unternehmen leiden nach einer aktuellen Untersuchung hinsichtlich ihrer Effizienz unter den Auswirkungen einer schlechten Zusammenarbeit[204]. Eine Betrachtung der Ursachen führt als Gründe hauptsächlich Silodenken, mangelnde Kommunikation und ungeklärte Zuständigkeiten an.[205]

Über beiden Ebenen der Zusammenarbeit lastet seit März 2020 das Thema Corona, das natürlich die Zusammenarbeit erschwert. In einer spezifischen Untersuchung gaben über 70 % der Unternehmen an, durch die Coronasituation und die damit verbundenen Maßnahmen habe die Zusammenarbeit in der Organisation spürbar gelitten.[206] Besonders der fehlende informelle Austausch sei hier ausschlaggebend. Die Verbindlichkeit persönlicher Kontakte und Begegnungen lasse sich durch Telefon- und Videokontakt nicht komplett ersetzen.[207]

Praktische Tipps

✓ Schauen Sie genau hin, falls Ihr Ergebnis von den typischen Mustern (Zusammenarbeit im Team besser als teamübergreifend) abweicht.
✓ Bewerten Sie möglichst genau, welchen Anteil ggf. coronabedingte Veränderungen (z. B. Home-Office) einen Anteil an den Ergebnissen haben könnten.

---

[204] ebenda

[205] (Staufen AG, Kollaboration 2021 – Erfolgsfaktor Zusammenarbeit, 2021)

[206] ebenda.

[207] ebenda

Well-Being

Auch das Thema „Well-Being" ist in den letzten Jahren stärker in den Fokus der Arbeitgeber gerückt und hat damit auch vermehrt Eingang in die Erhebungen durch Mitarbeiterbefragungen gefunden.

Dabei geht es im Wesentlichen um ein Gleichgewicht zwischen Anforderungen des Arbeitsplatzes und dem physischen und psychischen Wohlbefinden der Mitarbeitenden.

68 % der Mitarbeitenden in Deutschland sind der Auffassung, ihr Unternehmen interessiere sich allgemein für ihr Wohlergehen. Dieser Wert lag langjährig ähnlich, war aber zu Beginn der Coronakrise kurzzeitig auf 49 % gesunken.[208]

Es gibt durchaus Ansätze, die Work-Life-Balance in den unterschiedlichen Ländern zu messen und zu objektivieren. Den besten Ansatz hierzu bietet wahrscheinlich die OECD, die im Rahmen ihrer Erhebungen zum „Better-Life-Index" die Work-Life-Balance misst.[209]

In Deutschland liegt der entsprechende Work-Life-Balance-Index bei 8,4 (auf einer Skala von 0 bis 10). International verzeichnen die Niederlande mit 9,5 den höchsten Wert, Kolumbien erreicht den niedrigsten mit 0,9:

---

[208] (Gallup, Engagement Index Deutschland, 2020)

[209] https://www.oecdbetterlifeindex.org/topics/work-life-balance/ (abgerufen 27.8.2021)

Niederlande	9,5	Schweiz	8,4
Italien	9,4	Russland	8,3
Dänemark	9,0	...	...
Spanien	8,8	Japan	4,6
Frankreich	8,7	Korea	4,1
Litauen	8,6	Türkei	3,1
Norwegen	8,5	Mexiko	1,1
Deutschland	8,4	Kolumbien	0,9

Quelle: OECD

Neben der reinen Sorge der Unternehmen um die körperliche und mentale Gesundheit ihrer Mitarbeitenden spielen seit einigen Jahren aber auch gesetzliche Anforderungen in diesem Kontext eine Rolle.

Ausgangspunkt waren die Bestrebungen zur Schaffung einheitlicher Bedingungen im Arbeitnehmerschutz durch eine EU-Richtlinie Juni 1989 (Nr. 89/391) über die Durchführung von Maßnahmen zur Verbesserung der Sicherheit und des Gesundheitsschutzes der Arbeitnehmer bei der Arbeit.

In der Folge wurde in vielen EU-Ländern (so auch in Deutschland und Österreich) eine gesetzliche Verpflichtung für Arbeitgeber zur regelmäßigen Erfassung der psychischen Belastung am Arbeitsplatz verankert. Zahlreiche Firmen integrieren diese Erhebung in ihre Mitarbeiterbefragungen.

Die „European Foundation for the Improvement of Living and Working Conditions (Eurofound)" hat zum subjektiven Wohlbefinden von Mitarbeitenden eine umfangreiche Untersuchung durchgeführt.[210]

Das subjektive Wohlbefinden wird dabei anhand des Wohlfühlindex der Weltgesundheitsorganisation (WHO 5) gemessen. Insgesamt weisen 6 % der Arbeitnehmer einen Wert auf, der darauf hindeutet, dass sie von psychischen Problemen bedroht sind, wobei mehr Frauen als Männer gefährdet sind (7 % im Vergleich zu 5 %).[211]

Das in engem Zusammenhang mit dem sozialen und physischen Umfeld der Arbeitnehmer am häufigsten genannte Gesundheitsproblem sind Rückenschmerzen (43 % der Arbeitnehmer), gefolgt von Muskelschmerzen im Nacken oder in den oberen Gliedmaßen (42 %), Kopfschmerzen, Augenschmerzen und allgemeiner Müdigkeit (jeweils 35 %), Muskelschmerzen in der Hüfte oder in den unteren Gliedmaßen (29 %), Angstzuständen (15 %), Verletzungen und Hautproblemen (jeweils 8 %) und Hörproblemen (6 %).[212]

Auch auf diesem Gebiet hat die Coronakrise Veränderungen herbeigeführt. Firmen reagieren allerdings auf unterschiedliche Weise: Nach einer Untersuchung von Willis Towers Watson planten 2021 46 % der Unternehmen wegen

---

[210] (Eurofound/ILO, Working conditions in a global perspective , 2017)

[211] ebenda

[212] ebenda

Corona die Well-Being-Programme zu verstärken, 10 % wiederum planen hingegen eine Reduktion.[213]

Es gibt offensichtlich auch einen Zusammenhang zwischen empfundenem Well-Being der Mitarbeitenden und Coronaimpfstatus. Nach einer Studie des Versicherungskonzerns CIGNA gehen höhere Coronaimpfraten mit einer positiveren Wahrnehmung in allen Well-Being-Dimensionen einher.[214]

Ungeachtet der Coronaimplikationen bleiben eine Reihe von Diskrepanzen zwischen dem, was Mitarbeitende sich an Unterstützung für ihr Well-Being wünschen, und dem, was ihr Unternehmen ihnen bietet. Die größten Abweichungen (mit bis zu 28 %) gibt es nach der CIGNA-Untersuchung bei

- ganzheitlicher Unterstützung zur Realisierung der Work-Life-Balance
- Finanzplanung und -coaching
- Gesundheitsberatung.[215]

[213] (Willis Towers Watson, COVID-19 Benefits Survey Germany, 2021)

[214] (CIGNA, 360° Well-being Survey: On the Road to Recovery, 2021)

[215] ebenda

Praktische Tipps

- ✓ Schauen Sie genauer hin, wenn Ihr Ergebnis von den typischen allgemeinen geschilderten Mustern abweicht.
- ✓ Achten Sie darauf, ob Diskrepanzen zwischen Bedarf und Angebot erkennbar werden.
- ✓ Stellen Sie sicher, dass den gesetzlichen Anforderungen entsprochen wird.

Führung / Vertrauen in das Topmanagement

Ähnlich wie es bei der Zusammenarbeit der Fall ist, wird auch Führung von Mitarbeitenden auf zwei Ebenen erlebt: zum einen das unmittelbare eigene Umfeld mit der direkten Führungskraft (und ggf. noch dessen Führungskraft) und zum anderen – in der Wahrnehmung deutlich weiter entfernt – die Firmenleitung.

Das Vertrauen, das in dieses Topmanagement gesetzt wird, ist ein zentrales Element für jedes Unternehmen. Das gilt für Investoren,[216] aber auch für Mitarbeitende. Traut man der Führungscrew wenig zu, kann bei AGs der Aktienkurs leiden, bei allen Firmen das Engagement der Mitarbeitenden. Die

---

[216] Nach einer Untersuchung von Deloitte (The Leadership Premium – How Companies win the Confidence of Investors) schauen 45 % der Finanzanalysten regelmäßig bei ihrer Bewertung auf die Effektivität des Topmanagements.

Beratung Qualtrics etwa sieht das Vertrauen in das Topmanagement als den zweitwichtigsten Treiber von Mitarbeiterengagement überhaupt.[217]

Diverse Studien deuten darauf hin, dass etwas über die Hälfte der Mitarbeitenden Vertrauen in die Entscheidungen der Unternehmensführung haben. Das Befragungsinstitut Ipsos verortete diesen Anteil in Deutschland im Auftrag von Edenred bei 58 %,[218] Gallup bei 47 %,[219] EY bei 51 %[220].

Weltweit kommt Qualtrics mit 53 % zu ganz ähnlichen Ergebnissen.[221]

Die Coronakrise hat dieses Vertrauen eher gestärkt. Nach einer Studie des Portals Stepstone vertrauen 64 % der Menschen dem Krisenmanagement ihres Arbeitgebers.[222] Nach den Erhebungen von Gallup ist das Vertrauen in das Topmanagement während der Coronakrise von den genannten 47 % kurzzeitig auf bis zu 77 % angestiegen.[223]

Ein verbreiteter Faktor, die Glaubwürdigkeit des Topmanagements zu unterminieren, ist Beliebigkeit. Viele Topmanager und Strategen sind überzeugt, dass es zur Sicherung eines Wettbewerbsvorteils ausreiche, eine sogenannte „Corporate Vision" und ein „Mission Statement" zu formulieren. Diese

---

[217] (Qualtrics, 2020 Global Employee Experience Trends, 2020)

[218] (Edenred-Ipsos, Barometer 2015 Wohlbefinden und Motivation der Mitarbeiter, 2015)

[219] (Gallup, Engagement Index Deutschland, 2020)

[220] (EY, Jobstudie 2019, 2019)

[221] (Qualtrics, 2020 Global Employee Experience Trends, 2020)

[222] (Stepstone, Arbeit in der Coronakrise, 2021)

[223] (Gallup, Engagement Index Deutschland, 2020)

sind dann aber allzu oft nichtssagend oder austauschbar und bewirken das Gegenteil dessen, was intendiert ist.

Zwei britische Professoren haben dieses Phänomen dadurch pointiert und ironisch auf den Punkt gebracht, dass sie ein universelles Allzweck-Mission-Statement formuliert haben:

> *„Wir werden in Zukunft in unserer Branche führend sein und uns dafür einsetzen, unseren Kunden hervorragende Qualität und Service zu bieten, die Rendite für unsere Aktionäre zu steigern, Verantwortung für die Umwelt zu zeigen, die höchsten ethischen Standards zu erfüllen und eine hoch motivierte Belegschaft aufzubauen."*[224]

Praktische Tipps

- ✓ Vertrauen etwa die Hälfte der Mitarbeitenden dem Topmanagement, sagt das wahrscheinlich wenig über Ihr Unternehmen aus.
- ✓ Liegt Ihr Ergebnis deutlich über diesem Wert, verfügen Sie möglicherweise über ein wichtiges Differenzierungsmerkmal, das es zu verteidigen gilt.
- ✓ Niedrigere Werte sollten als Alarmzeichen gewertet werden.

---

[224] (Goddard J., Eccles T., Uncommon Sense, Common Nonsense – why some organisations consistently outperform others, Profile Books, 2012)

Die unmittelbare Führungskraft prägt im Wesentlichen das Bild, wie Mitarbeitende Führung erleben. Nach einer Studie der Unternehmensberatung McKinsey wird sogar etwa ein Drittel der gesamten Arbeitszufriedenheit von den Beziehungen zum Vorgesetzten geprägt (s. Abb. 17).[225]

Es wundert daher nicht, dass nahezu alle Mitarbeiterbefragungen relativ viele Fragen zur direkten Führungskraft beinhalten.

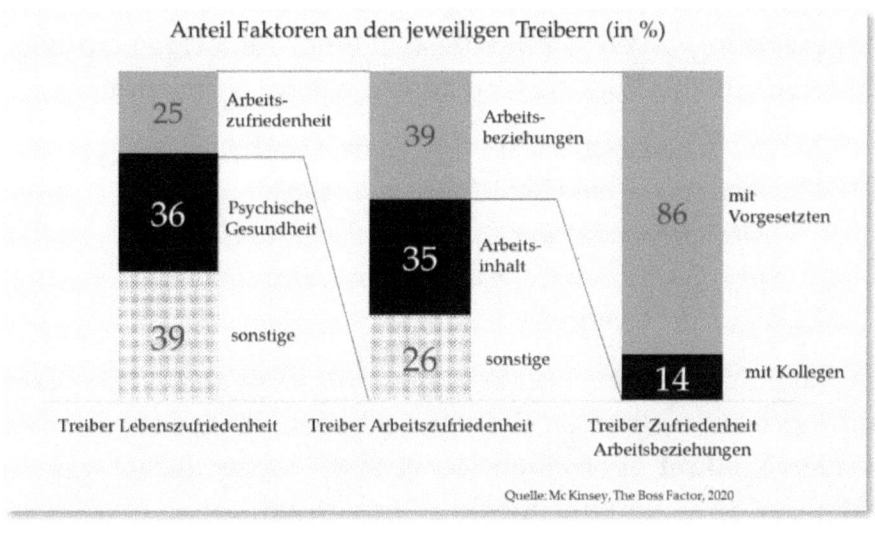

Anteil Faktoren an den jeweiligen Treibern (in %)

	Arbeits- zufriedenheit 25		Arbeits- beziehungen 39		mit Vorgesetzten 86
36 Psychische Gesundheit		35 Arbeits- inhalt			
39 sonstige		26 sonstige		14 mit Kollegen	

Treiber Lebenszufriedenheit   Treiber Arbeitszufriedenheit   Treiber Zufriedenheit Arbeitsbeziehungen

Quelle: McKinsey, The Boss Factor, 2020

Abbildung 17: Treiber der Arbeitszufriedenheit

Im Fokus steht dabei die Unterstützung, die Mitarbeitende von ihrer Führungskraft erfahren. In einer Studie des Statistischen Bundesamts fühlten sich im Jahr 2015 knapp die Hälfte

---

[225] (Mc Kinsey, The Boss Factor, 2020)

(44 %) der Arbeitnehmer von ihren direkten Vorgesetzten unterstützt.[226]

Einen deutlich höheren Wert ermittelte 2020 die Beratungsgesellschaft Qualtrics. Nach deren Erhebungen sind 59 % der Mitarbeitenden der Auffassung, ihre direkte Führungskraft helfe ihnen wirksam, arbeitsbezogene Probleme zu lösen.[227] Die Hälfte der Befragten war auch der Meinung, ihre Führungskraft unterstütze sie in ihrer Karriereentwicklung.[228]

Es bestehen bei einer Minderheit von Mitarbeitenden auch durchaus kritischere Sichtweisen auf ihre Führungskraft. Die Tageszeitung „Welt" fasste diese in einer Reportage auf Basis einer Studie der Porsche Consulting wie folgt zusammen:

> *„Die Vorgesetzten sind oft gestresst (32 %), sie loben zu selten (28 %) oder halten wichtige Informationen zurück (27 %). Dabei wäre in Zeiten des Fachkräftemangels ein ganz anderes Verhalten nötig. "*[229]

Nach der gleichen von Forsa im Auftrag von Porsche Consulting durchgeführten Befragung haben 28 % der Mitarbeitenden konkret über einen Jobwechsel nachgedacht, weil sie mit ihrer direkten Führungskraft unzufrieden sind.[230]

---

[226]   https://www.destatis.de/DE/Themen/Arbeit/Arbeitsmarkt/Qualitaet-Arbeit/Dimension-7/beziehung-kollegen-vorgesetztenl.html (abgerufen 23.8.2021)

[227]   (Qualtrics, 2020 Global Employee Experience Trends, 2020)

[228]   ebenda

[229]   Die Welt, „Kündigungsgrund: Der Chef" 28.2.2020

[230]   ebenda

Eine starke Motivationskraft entfaltet auch nur eine Minderheit der Vorgesetzten. Das Magazin „Wirtschaftswoche" berichtete, dass nur jeder fünfte Arbeitnehmer (21 %) der Aussage „die Führung, die ich bei der Arbeit erlebe, motiviert mich, hervorragende Arbeit zu leisten" zustimme.[231]

Über einen besonderen Hebel scheinen die Verantwortlichen von Teams zu verfügen. Mitarbeitende, die der Leitfigur ihres Teams vertrauen (das muss nicht unbedingt der disziplinarische Vorgesetzte sein), sind deutlich (bis zu zwölf Mal) engagierter.[232]

Praktische Tipps

- ✓ Direkte Vorgesetzte prägen einen großen Teil dessen, wie Mitarbeitende ihren Arbeitsalltag erleben. Prüfen Sie, inwieweit Sie Vorgesetzten Raum und Zeit lassen, dieser Aufgabe überhaupt gerecht zu werden.
- ✓ Vermeiden Sie den Blick auf kurzfristige Schwankungen, versuchen Sie eher die längerfristigen Trends zu erkennen und darauf Maßnahmen auszurichten.
- ✓ Bedenken Sie, dass das Verhalten von Vorgesetzten sehr stark von deren Persönlichkeit geprägt wird.

---

[231] https://www.wiwo.de/erfolg/beruf/gallup-studie-fuehrungskraefte-sind-der-wahre-produktivitaetskiller/19552634.html (abgerufen 23.8.2021)

[232] (Hayes M. et al, The Global Study of Engagement, ADP Research Institute, 2018)

Performance Management

Das Performance Management genießt in vielen Unternehmen als HR-Prozess einen hohen Stellenwert. Dementsprechend tauchen Fragen dazu auch in zahlreichen Mitarbeiterbefragungen auf.

Vieles deutet allerdings darauf hin, dass dieser Prozess oft eher dysfunktional läuft. [233]

Entsprechend können in diesem Bereich auch eher wenig schmeichelhafte Ergebnisse nicht fundamental überraschen.

Immerhin gaben in einer Studie des Statistischen Bundesamts 64 % der befragten Arbeitnehmerinnen und Arbeitnehmer an, dass ihr Vorgesetzter ihnen Feedback zu ihrer Arbeit gibt.[234]

Auch erkennen 57 % der Mitarbeitenden eine Verbindung zwischen ihrer Arbeit und den strategischen Zielen ihrer Firma.[235]

Allerdings berichten 35 % der Mitarbeitenden (in großen Unternehmen sogar 50 %) in einer Untersuchung der Beratungsgesellschaft Emplify, dass sie nur einmal im Monat ein bilaterales Gespräch („one-to-one") mit ihrer direkten

---

[233] s. hierzu auch (Mittorp K.D., HR in der Falle, Colmar Verlag, ISBN 978-3-347-28609-2, 2021)

[234] (Statistisches Bundesamt Destatis, Studie Qualität der Arbeit, 2017)

[235] (Qualtrics, 2020 Global Employee Experience Trends, 2021)

Führungskraft führen.[236] 12 % der Befragten gaben sogar an, dass sie ein solches Gespräch so gut wie nie führen.[237]

Praktische Tipps
- ✓ Performance Management ist oft ein dysfunktionaler Prozess. Ernüchternde Befragungsergebnisse dazu sind daher eher weniger überraschend.
- ✓ Fokussieren Sie auf diesen Teil der Ergebnisse nur, wenn Ihr Unternehmen hierzu nachhaltig Veränderungen anzugehen bereit ist.

---

[236] (Klemp N. et al, Employee Engagament Trends 2020, Emplify, 2021)
[237] ebenda

Innovation/Zukunftsaussichten

Ebenfalls häufig gesehen sind in Befragungen Statements zu Innovation.

Darin geht es einerseits um die Fähigkeit, neue Ideen entstehen zu lassen, und damit verbunden um die Zukunftsaussichten des Unternehmens.

Nach einer Erhebung von EY gehen nur 53 % der Beschäftigten in Deutschland davon aus, dass die Produkte bzw. Dienstleistungen des eigenen Unternehmens auch in zehn Jahren in weitgehend unveränderter Form am Markt erfolgreich sein werden.[238] Immerhin 28 % rechnen dabei ausdrücklich nicht mit einem langfristigen Erfolg.[239]

Es ist naheliegend, dass bei diesem Thema große Unterschiede nach Branchen bestehen. Besonders skeptisch gegenüber der Zukunft der eigenen Produkte sind die Beschäftigten in der Automobilindustrie und im Bereich Banken/Versicherungen/Finanzdienstleistungen. Besonders zuversichtlich zeigen sich hingegen die Beschäftigten im Handel und in der Gesundheitsbranche.[240]

Spiegelbildlich dazu die Einschätzungen zu den Innovationsanstrengungen, die die eigene Firma unternimmt. 57 % der Beschäftigten in Deutschland sind der Ansicht, dass das eigene Unternehmen große Innovationsanstrengungen unternimmt.

---

[238] (EY, Jobstudie 2019, 2019)

[239] ebenda

[240] ebenda

Am stärksten ausgeprägt ist diese Auffassung in der Automobilindustrie und bei Banken/Versicherungen/Finanzdienstleistern. Am schwächsten ausgeprägt sind solche Anstrengungen nach Ansicht der Befragten derzeit im öffentlichen Dienst.[241]

Praktische Tipps

- ✓ Schauen Sie zuerst, wie Ihre Ergebnisse in den Kontext der Branche passen, in der Ihr Unternehmen tätig ist.
- ✓ Achten Sie verstärkt darauf, ob Ihre Mitarbeitenden auch Zutrauen haben, dass das Umfeld die Entwicklung von neuen Ideen überhaupt zulässt.

---

[241] ebenda

Aussagekraft der konkreten Einzelwerte

Die vorangegangenen Abschnitte geben viele konkrete Hinweise, worauf besonders zu achten ist und wie Zahlenwerte in einen Kontext gestellt werden können.

Dabei ergibt sich auch, dass die Aussagekraft begrenzt ist, wenn Ergebnisse der eigenen Mitarbeiterbefragung im generell erwartbaren Rahmen liegen.[242]

Vieles spricht in einem solchen Fall dafür, dass exogene Faktoren dieses Ergebnis stärker geprägt haben als das eigene Handeln des Unternehmens.

Wahrscheinlich ähneln also die prägenden Faktoren weitgehend denen anderer Unternehmen (und in der Gesellschaft), sodass keine differenzierenden Merkmale (weder positiv noch negativ) zu finden sind.

Es mag sich also lohnen, speziell auf die Dimensionen zu schauen, die von den erwartbaren Zahlenkorridoren abweichen.

---

[242] wie diese Korridore erwartbarer Ergebnisse nach verfügbaren öffentlichen Quellen und der praktischen Erfahrung des Autors typischerweise aussehen, ist in der Abb. 18 dargestellt.

Typische Ergebnisse bei Mitarbeiterbefragungen

Dimension	Deutschland	International
Rücklaufquote	50 - 75 %	analog
Engagement	10 – 20 härtere Modelle 50 – 70 weichere Modelle	tendenziell höher
Enablement (Anteil Mitarbeitende, die keine Hindernisse erleben)	45 – 55 %	analog
Stolz (Anteil Mitarbeitende, die Stolz sind, für Firma zu arbeiten)	60 – 70 %	tendenziell höher
Extra Meile (Anteil Mitarbeitende, die bereit sind, Extra-Meile zu gehen)	62- 68 %	analog
Anteil Mitarbeitende mit Abwanderungsabsicht	10 – 15 %	tendenziell höher
Anteil Mitarbeitende, die glauben, ihr Job sei sicher	25 – 30 %	variiert
Anteil Mitarbeitende, die bereit sind, Firma als Arbeitgeber zu empfehlen	25 – 35 %	variiert
eNPS (Employee Net Promoter Score)	+10 - -10	+ 10 - + 20
Anteil Mitarbeitende, die sich nicht ausr. Informiert fühlen	25 – 35 %	analog
Anteil Mitarbeitende, die sich leistungsgerecht bezahlt fühlen	45 – 55 %	analog
Anteil Mitarbeitende, die Wertschätzung erleben	65 – 75 %	variiert
Anteil Mitarbeitende, die gute Zusammenarbeit erleben	60 – 70 %	analog
Anteil Mitarbeitende, die dem Top Management vertrauen	50 – 60 %	analog
Anteil Mitarbeitende, die Unterstützung durch den direkten Vorgesetzten erfahren	55 – 65 %	analog

Abbildung 18: Typische Ergebnisse bei Mitarbeiterbefragungen

Blinde Flecken

So umfänglich die Beschäftigung mit Mitarbeiterbefragungen auch sein mag, es besteht dennoch die Gefahr, dass blinde Flecken bestehen bleiben. Es gibt nämlich in der Tat eine Reihe von relevanten Perspektiven, die in die Befragungen entweder gar nicht erst einfließen oder zu wenig Beachtung bei der Auswertung der Ergebnisse erhalten. Diese blinden Flecken haben vielfach auch eine Verbindung zu kulturellen Aspekten und werden nachstehend näher betrachtet.

Führungsspanne

Die Führungsspanne ist beispielsweise ein solcher Aspekt. Sie variiert international sehr stark. Das hat auch Auswirkungen auf die Wahrnehmung von Führung. In der Auswertung von Mitarbeiterbefragungen wird dies allerdings selten thematisiert.

Es gibt keine einheitlichen Zahlen dazu, wie viele Führungskräfte es in Deutschland eigentlich gibt. Das Statistische Bundesamt ging in einer Untersuchung 2011 davon aus, dass es 3,77 Millionen seien, davon 990.000 auf der ersten und zweiten Führungsebene.[243] Letztere stellen demnach einem Anteil von gut 26 % aller Führungskräfte.

Ähnlich wie das Statistische Bundesamt schätzte das Wirtschaftsmagazin „brand eins", das im Jahr 2015 die Zahl der

---

[243] (Statistisches Bundesamt (Destatis), Wirtschaft und Statistik, Juni 2011, 2011)

Führungskräfte auf 3,9 Millionen. taxierte.[244] Auch die auf Coaching spezialisierte Rauen Group schätzt in einer Marktanalyse die Anzahl potenzieller Führungskräftekunden in dieser Größenordnung. Demnach gibt es in Deutschland etwas über 3,9 Mio. Führungskräfte zuzüglich noch mal knapp 900.000 Eigner/Eigentümer.[245]

Deutlich geringer ist die Anzahl allerdings in den spezialisierteren Statistiken der Weltarbeitsorganisation ILO und der Bundesagentur für Arbeit. Letztere erhob 2017 die Anzahl der

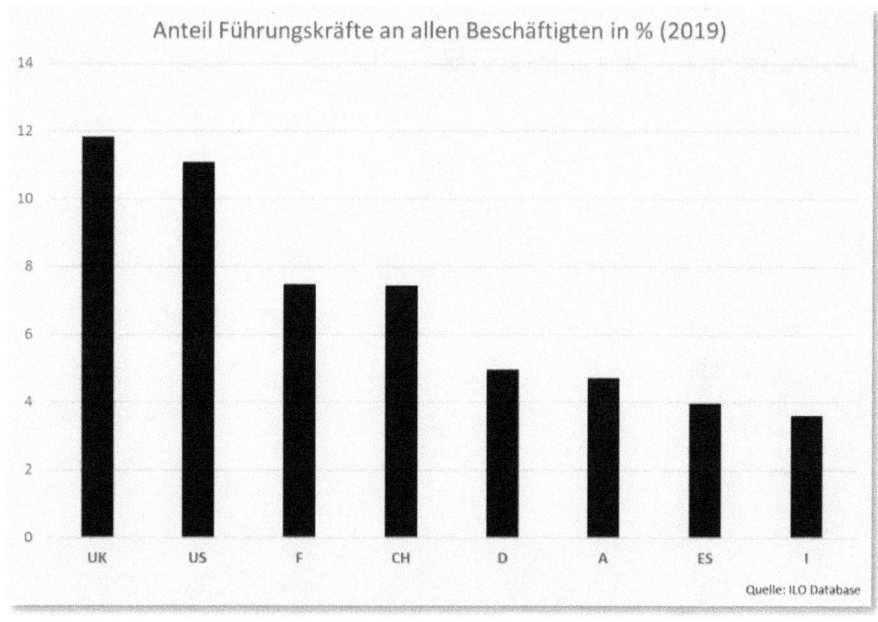

Abbildung 19: Anteil der Führungskräfte an allen Beschäftigten

---

[244]https://www.brandeins.de/magazine/brand-eins-wirtschaftsmagazin/2015/fueh-rung/fuehrung-in-zahlen (abgerufen 15.5.2021)

[245] (Rauen, C., RAUEN Coaching-Marktanalyse 2020, 2020)

Führungskräfte für 2017 bei knapp 1,9 Millionen.[246] Die Zahlen der ILO weisen in Deutschland für 2019 knapp 2,1 Millionen Führungskräfte aus.[247]

Gehen wir also von mindestens zwei Millionen Führungskräften aus, entspricht das etwa 5 % aller Beschäftigten oder – rein rechnerisch – einer Führungsspanne von 1 zu 20. Damit liegt der Anteil der Führungskräfte in Deutschland im internationalen Vergleich relativ niedrig (s. Abb. 19).

Aktuell liegt er in etwa wieder auf dem Stand von vor zehn Jahren, nachdem er Anfang der Dekade zunächst ziemlich deutlich gesunken war. (s. Abb. 20).

---

[246] (Bundesagentur für Arbeit, Beschäftigte mit Leitungsfunktion, 2019)
[247] ILO-Datenbank

Interessant ist auch, dass im angloamerikanischen Kultur- und Wirtschaftskreis offenbar im Verhältnis zur Gesamtzahl der Beschäftigten eine deutlich höhere Anzahl an Führungskräften tätig ist. Dies bestätigen auch andere Untersuchungen,

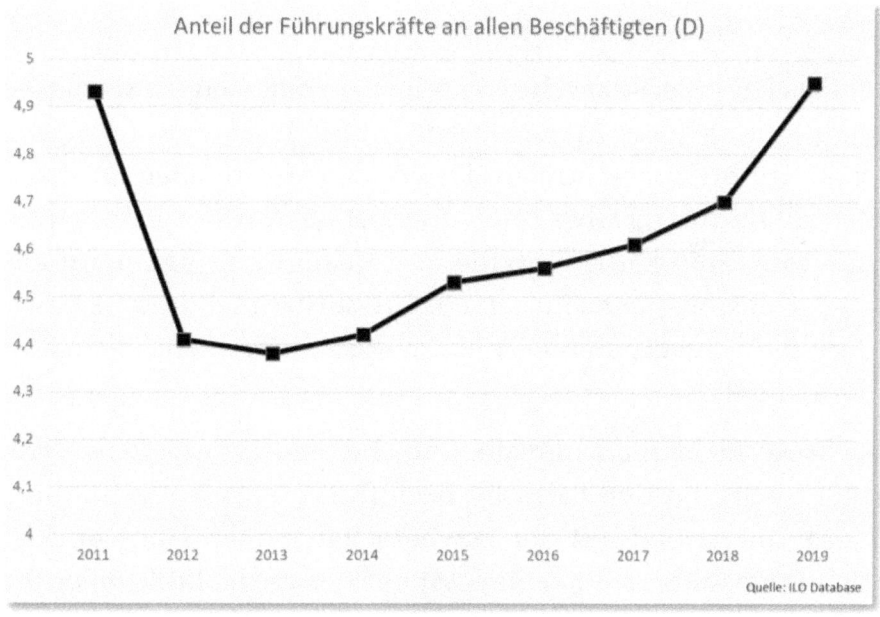

Abbildung 20: Anteil Führungskräfte im Zeitverlauf

wie etwa eine gemeinsame Studie der Universitäten Zürich und Cambridge.[248]

Dabei wurden Maschinenbaufirmen in verschiedenen Ländern detailliert verglichen. Während in den USA auf eine Führungskraft 7,1 Mitarbeitende kamen und in UK 10,3 waren es in der Schweiz 13,6 und in Deutschland 26.

---

[248] (Teuber S., Backes-Gellner U., Ryan P., How companies adjust their span of control to national instititions, Die Betriebswirtschaft 4/2016, 2016)

In ihrer Analyse führen die Wissenschaftler die Unterschiede auf die jeweiligen Systeme zurück. Deutschland entspreche dem Prototyp einer „koordinierten Marktwirtschaft" mit kooperativen Arbeitsbeziehungen, Flächentarif, wirksamem Kündigungsschutz, systematischer Berufsausbildung und beruflicher Weiterbildung.[249]

Das US-amerikanische Modell stehe dagegen für wenig Kooperation, starkes Management, kaum Tarifbindung, schwachen Kündigungsschutz und Investitionen vor allem in akademische Bildung. Daher seien die dortigen Firmen gezwungen, in erster Linie auf Hierarchie und Regeln und damit auf eine enge Kontrollspanne zu setzen. Großbritannien und insbesondere die Schweiz stellten der Analyse zufolge eher Mischformen dar.[250]

Diese Sicht mag plausibel erscheinen, ist möglicherweise aber auch von der Tatsache beeinflusst, dass diese Studie in Zusammenarbeit mit der gewerkschaftsnahen Hans-Böckler-Stiftung entstanden ist. Sie lässt allerdings die kulturellen Aspekte außer Acht, von denen seit langem bekannt ist, dass sie im Kontext des Organisationsdesigns eine wichtige Rolle spielen.

Inwieweit etwa eine Kultur eigenständiges Handeln fördert oder das Agieren auf Anweisung, beeinflusst eben auch das Organisationsmodell und den Bedarf an Führungskräften. Dies zeigte sich bereits 1998 in umfänglichen Studien des

---

[249] ebenda
[250] ebenda

Niederländers Fons Trompenaars.[251] Er stellte einen starken direkten Zusammenhang zwischen nationaler Kultur und sowohl dem hierarchischen Aufbau von Organisationen als auch dem Verständnis von Führung fest.

Bestätigt wurde dies immer wieder, vor einigen Jahren u. a. in einer breit angelegten Untersuchung bei Unternehmen im angloamerikanischen und asiatischen Raum.[252]

Die Ergebnisse entsprachen weitgehend den Erwartungen und bestätigen im Allgemeinen die Bedeutung der nationalen Kultur bei der Gestaltung der Organisation und der Planungs- und Kontrollsysteme des Managements.

Insbesondere werden die kulturellen Werte der angloamerikanischen Gesellschaft im Vergleich zur ostasiatischen Gesellschaft mit einer stärkeren Betonung von Dezentralisierung und Verantwortungszentren in der Organisationsgestaltung und einer stärkeren Betonung von quantitativen und analytischen Techniken in Planung und Kontrolle in Verbindung gebracht.

Im Gegensatz dazu sind die kulturellen Werte der ostasiatischen Gesellschaft mit einer größeren Betonung der langfristigen Planung und der gruppenzentrierten Entscheidungsfindung verbunden.

---

[251] (Trompenaars F., Hampden-Turner C., Riding the Waves of Culture, Nicholas Brealey Publishing, 1998)

[252] (Harrison G, McKinnon J., Panchapakesan S., Leung M., The Influence of Culture on Organizational Design and Planning and Control in Australia and the US Compared with Singapore and Hong Kong. Journal of International Finance and Accounting, 2007), 2007)

Die Ergebnisse sind wichtig für Manager in globalen Organisationen, die die kulturellen Grundlagen der beobachteten Unterschiede in der Organisations- und Managementplanung und -steuerung in anglo-amerikanischen und ostasiatischen Nationen verstehen müssen. Sie zeigen aber auch, warum die relative Anzahl zwischen Nationen so deutlich variiert, wie wir es an den offiziellen Zahlen ablesen können.

Das ist auch im Kontext der Bewertung von Ergebnissen von Mitarbeiterbefragungen relevant. Es zeigt, wie schwierig tatsächlich der Vergleich von scheinbar mühelos vergleichbaren Zahlenwerten im Zusammenhang mit Führung beispielsweise in einem globalen Konzern ist.

Präferenzen der Mitarbeitenden

Es wurde schon erwähnt, dass – weltweit betrachtet – den Menschen gute Beziehungen zu den anderen Mitarbeitenden am Arbeitsplatz der absolut wichtigste Aspekt sind.[253] Auf Platz zwei folgt die Work-Life-Balance und auf Platz drei die Beziehung zur direkten Führungskraft.[254]

Während die letzten beiden Aspekte in Fragebögen meist viel Raum zugesprochen bekommen, werden die Beziehungen der Mitarbeitenden untereinander oft nur in der Perspektive der Zusammenarbeit abgefragt. Hier wird also ein wichtiger Aspekt nur ungenügend abgebildet.

---

[253] (BCG, Decoding Global Talent, 2018)
[254] ebenda

Fast bedeutsamer ist aber die Tatsache, dass die Präferenzen sich geographisch sehr stark unterscheiden (s. Abb. 21).

Abbildung 21: Jobpräferenzen der Mitarbeitenden

Die Unternehmensberatung BCG hat sich in einer breit angelegten Studie auch mit der Frage befasst, was Mitarbeitende von ihrem Job erwarten.[255] Das Ergebnis zeigt, das Mitarbeitende in verschiedenen Ländern ganz unterschiedliche Prioritäten bei ihren Erwartungen setzen. Während in einigen Ländern etwa Karriere oder Anerkennung im Vordergrund stehen, sind es in anderen die Beziehungen zu anderen oder die Work-Life-Balance. Es gibt auch noch Länder, in denen ganz klar die Vergütung im Vordergrund steht.

---

[255] (BCG, Decoding Global Talent, 2018)

Diese Differenzen zeigen, dass nominell gleiche Ergebnis-werte bei Mitarbeiterbefragungen eine sehr unterschiedliche Bedeutung haben können und entsprechend im größeren Kontext interpretiert werden müssen.

Es ist beispielsweise wenig sinnvoll, bei relativ schwachen Befragungsergebnissen bei Work-Life-Balance in den Ländern große Anstrengungen zur Veränderung zu unternehmen, in denen etwa Karriere und Vergütung viel weiter oben auf der Prioritätenliste der Mitarbeitenden stehen.

Hier ist ein differenziertes Vorgehen auch ökonomisch geboten.

Kulturelle Unterschiede bei Befragungsergebnissen

Nicht nur die berufliche Erfahrung, sondern auch alle öffentlich verfügbaren Daten zeigen, dass es bei verschiedenen beliebten Kennzahlen aus Mitarbeiterbefragungen immer starke regionale Unterschiede gibt.

Trotz dieser Tatsache wird bei global angelegten Befragungen oft lediglich auf die jeweiligen Vergleichs-Benchmarks verwiesen, eine wirkliche Durchdringung der Befragungsergebnisse auf Basis des kulturellen Kontexts und der regionalen Zusammensetzung der Gesamtbelegschaft findet oft gar nicht oder nur ansatzweise statt.

Dazu gehört auch zu erkennen, dass diese sozioökonomischen und kulturellen Gegebenheiten einen ziemlich starken Rahmen darstellen und somit Grenzen setzen, die die auf Basis von Befragungsergebnissen handelnden Führungskräfte in der Regel nicht überwinden können.

Engagement

Bei dieser wohl verbreitetsten aller Kennzahlen von Mitarbeiterbefragungen zeigen sich sehr deutliche regionale Unterschiede. Obwohl die Berechnung für Engagement nach sehr unterschiedlichen Modellen vorgenommen wird und die Ergebniswerte entsprechend unterschiedlich ausfallen,[256] stellen nahezu alle Institute, die internationale Messungen des Engagements vornehmen, klare regionale Differenzen fest.

---

[256] s. entsprechenden Abschnitt an anderer Stelle in diesem Buch

Bei den Firmen Gallup, Kincentric und Workday zeigen sich klare Muster, nach denen das Engagement in Lateinamerika und Nordamerika deutlich und in Asien moderat höher ist als in Europa (s. Abb. 22).

Ähnliche Konstellationen erkennt auch die Beratungsgesellschaft Peakon.[257] Sie hat Engagement ebenfalls nach Kontinenten ausgewertet und sieht Lateinamerika und Nordamerika deutlich vor den übrigen Regionen, die bei Peakon allerdings etwas näher beieinander liegen.

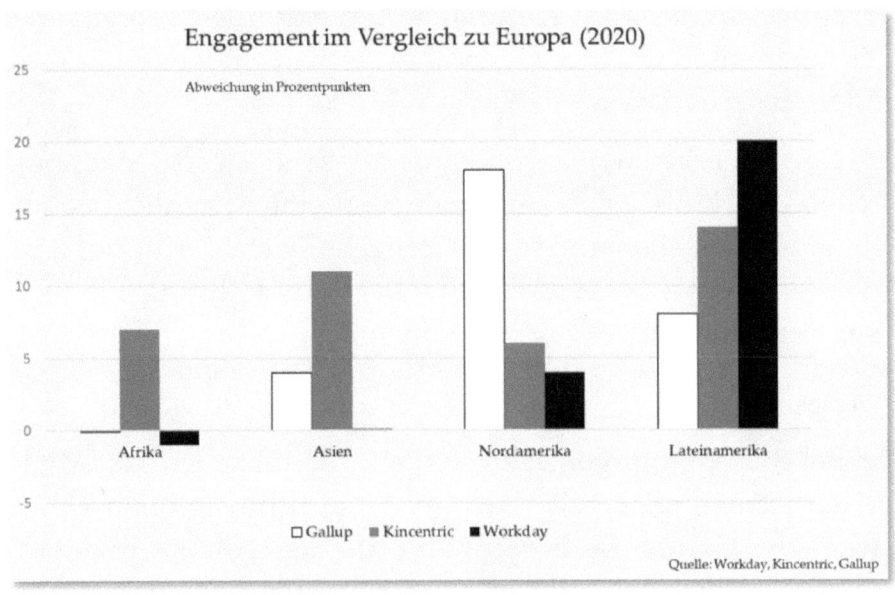

Abbildung 22: Engagement im Vergleich zu Europa

---

[257] (Heartbeat by Peakon, Global Employee Engagement Data 2020, 2021)

Einige Beratungsgesellschaften haben immer wieder das Engagement zwischen Ländern weltweit verglichen. Alle stellen ähnliche Ergebnisse fest (s. Abb. 23), bei denen die USA und Indien immer weit vorne liegen und Japan das Schlusslicht darstellt.

	Qualtrics	Rich Management	ORC International
Länder mit höchstem Engagement	USA	Indien	Indien
	Frankreich	USA	Brasilien
	Kanada	Kanada	USA
Länder mit geringstem Engagement	Japan	Japan	Japan
	Deutschland	Südkorea	Hong Kong
	Singapur	China	Österreich

Quellen: Qualtrics, Rich Management, ORC

Abbildung 23: Internationaler Vergleich Mitarbeiterengagement

Die Beratung Steelcase hat versucht, die Gründe für derartige Muster zu erkunden. Sie kommt zu folgendem Schluss:[258]

> *„Die engagiertesten Mitarbeiter kommen häufig aus aufstrebenden Schwellenländern, während die am wenigsten engagierten Studienteilnehmer aus Ländern mit etablierten Märkten stammen."*

Die Analyse auch dieser Studienergebnisse ergab spezifische Muster, aus denen hervorgeht, dass das Herkunftsland der Befragten, die dortige Kultur und die daraus

---

[258] (Steelcase, Global Report Mitarbeiterengagement und Arbeitsplätze weltweit, 2016)

resultierenden Erwartungen einen spürbaren Einfluss auf den Engagement- und Zufriedenheitsgrad am Arbeitsplatz haben.

Die Experten von Steelcase argumentieren weiter:[259]

> *„Von Bedeutung ist diese Erkenntnis insbesondere für multinationale Unternehmen, die nach der jeweils passenden Arbeitsplatzgestaltung von Büros an verschiedenen Standorten suchen müssen."*

Die Faktoren, die das Mitarbeiterengagement treiben, sind in ihrer Bedeutung ebenfalls regional sehr unterschiedlich. In einer breit angelegten Studie an über 58.000 Mitarbeitenden weltweit hat vor einigen Jahren das Corporate Leadership Council (CLC, jetzt Teil von Gartner) diese Differenzen untersucht (s. Abb. 24).[260]

Anders als bei den Präferenzen der Mitarbeitenden, zu deren Erhebung direkt gefragt wird (z. B. „was ist Ihnen im Job besonders wichtig?") werden zur Ermittlung der Treiber statistische Verfahren herangezogen. Damit wird vermieden, dass Befragte in ihren Antworten Treiber bewusst oder unbewusst falsch einschätzen.

---

[259] ebenda

[260] (Corporate Leadership Council (jetzt Gartner), Attracting and Retaining Critical Talent Segments, Identifying Drivers of Attraction and Commitment in the Global Labor Market, 2006)

	Deutschland	USA	Ver. Königreich	China	Japan	Indien
Stärkste Treiber von Engagement	Entwicklungs-möglichkeiten	Jobpassung	Respekt	Entwicklungs-möglichkeiten	Reputation Top-management	Führungs-qualität
	Führungs-qualität	Personal-management	Job-Passung	Führungs-qualität	Qualität der Kollegen	Personal-management
	Respekt	Respekt	Führungs-qualität	Qualität der Kollegen	Ethisches Verhalten	Einfluss
weniger starke Treiber von Engagement	Produktqualität	Ethisches Verhalten	Empowerment	Empowerment	Karrierechancen	Entwicklungs-möglichkeiten
	Informelles Umfeld	Arbeitgeber-auszeichnungen	Anerkennung	Umwelt-bewusstsein	Führungs-qualität	Vielfalt
	Arbeitgeber-auszeichnungen	Leistungs-orientierung	Entwicklungs-möglichkeiten	Kunden-reputation	Personal-management	Ethisches Verhalten

Quelle: Corporate Leadership Centre (jetzt Gartner)

Abbildung 24: Treiber von Engagement nach Ländern

Bei Betrachtung der Ergebnisse der genannten Studie geht es weniger um die einzelnen Treiber, sondern um deren Vielfalt und insbesondere die Tatsache, dass der gleiche Faktor in einem Land eine große Wirkung haben und in einem anderen vergleichsweise bedeutungslos sein kann.

Enablement

Ebenfalls wenig überraschend ist es, dass auch bei der Befähigung – also der Frage, ob es zur Umsetzung des Engagements Hindernisse gibt – regionale Differenzen zu erkennen sind.

In einer entsprechenden Analyse kam die Hay Group (jetzt Korn Ferry) zu dem Ergebnis, dass Mitarbeitende in Nordamerika am häufigsten der Aussage zustimmen, es gebe keine nennenswerten Hindernisse, ihre Arbeit effektiv zu tun.[261] Im

---

[261] (Hay Group (jetzt Korn Ferry), Warum Engagement alleine nicht (mehr) reicht, 2014)

internationalen Vergleich am geringsten ist die Zustimmung zu dieser Frage in Asien.

Im Detail erzielten Österreich, Mexiko und Indien die höchsten Werte, Frankreich, Italien und Japan die niedrigsten.[262] Die Spanne betrug dabei immerhin fast 20 Prozentpunkte.

Kündigungsrisiko

Auch bei der Verbleibeabsicht der Mitarbeitenden gibt es deutliche Unterschiede zwischen Ländern und somit Kulturen.

Das Risiko, Mitarbeitende ungewollt zu verlieren, ist nach einer Studie von Qualtrics[263] in anglo-amerikanisch geprägten Ländern wie den USA, dem Vereinigten Königreich, Australien oder Kanada deutlich höher als etwa in den Niederlanden, Deutschland oder Japan.

Hier mögen die unterschiedlichen arbeitsrechtlichen Rahmenbedingungen ebenso eine Rolle spielen wie die kulturelle Einstellung zum Wechsel des Arbeitsplatzes.

Ein direkter Zusammenhang mit der allgemeinen Entwicklung des gesamten Arbeitsmarktes ist indes nicht erkennbar (s. Abb. 25).

---

[262] ebenda

[263] (Qualtrics, 2020 Global Employee Experience Trends, 2021)

Es wird also stets auf die Branche bzw. das ganz spezifische Berufsbild ankommen und wie hier die jeweilige Situation von Angebot und Nachfrage am Arbeitsmarkt ist.

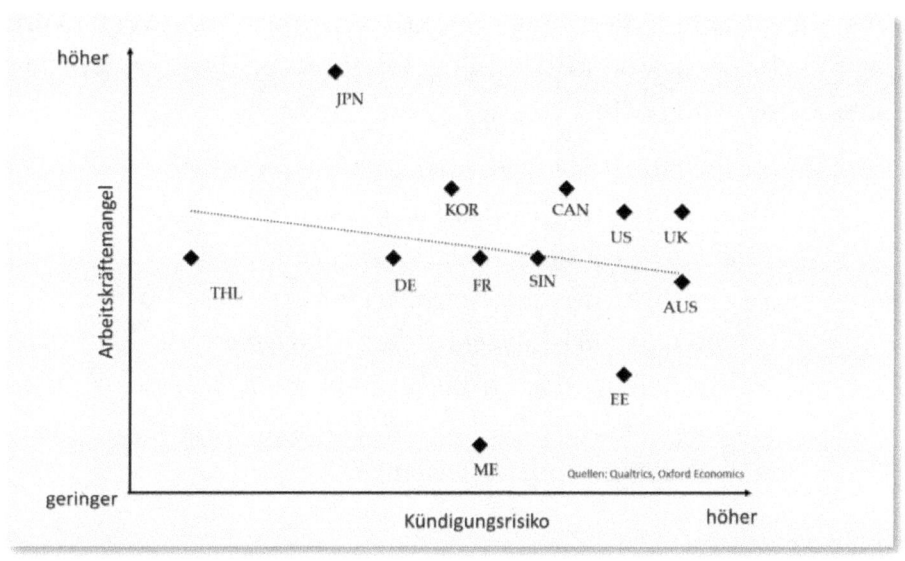

Abbildung 25: Arbeitskräftemangel und Kündigungsrisiko

Well-Being

Losgelöst von den tatsächlichen Gegebenheiten[264] gibt es auch bei der Wahrnehmung des eigenen Well-Being-Levels klare Unterschiede zwischen den Ländern. Die Beratung ORC International (jetzt Engine Insights) hat dies vor einigen Jahren detailliert untersucht.[265]

---

[264] s. entsprechenden Abschnitt an anderer Stelle dieses Buches

[265] (ORC International (jetzt Engine Insights), Global Perspectives 2015: World-wide Trends in Employee Engagement, 2015)

Der dabei von den Beratern ermittelte „Well-Being-Index"
schwankte zwischen einem Wert von 37 in Japan und bis zu 67
in den USA. Deutschland lag mit 49 im Mittelfeld.

Forscher der Uni Singapur kamen unlängst zu dem Ergebnis, dass Unterschiede im subjektiv empfundenen Well-Being
auch sehr stark von kulturellen Aspekten beeinflusst werden.
Ihre Conclusio lautet:

> *„Ein beträchtlicher Teil der Varianz im subjek-*
> *tiven Well-Being ist nicht durch sozioökonomi-*
> *sche Faktoren zu erklären. Dies ist nicht über-*
> *raschend, wenn man bedenkt, dass sich Gesell-*
> *schaften in einer Vielzahl anderer Variablen wie*
> *Klima, Geografie, Bevölkerungsdichte, aber*
> *eben auch kulturellen Werten, Überzeugungen*
> *und Praktiken unterscheiden."*[266]

Branchen

Auch Branchen haben zum Teil sehr markante kulturprä-
gende Merkmale und beeinflussen die jeweiligen Unterneh-
menskulturen. Sie setzen auch die Grenzen für deren Weiter-
entwicklungsmöglichkeiten[267] und können u. U. genauso stark
oder stärker sein als nationale Kulturmerkmale.[268]

---

[266] (Tov W., Nai Z., Cultural Differences in Subjective Well-Being, 2017)

[267] (Gordon, G.. Industry Determinants of Organizational Culture. The Academy of
Management Review, 1991)

[268] ebenda

Insofern überrascht es nicht, dass auch Branchenvergleiche immer wieder ein Gefälle bei den Engagementwerten zeigen.

Eine Untersuchung der Beratung Emplify kam zum Ergebnis, dass das Engagementniveau zwischen Branchen um bis zu zehn Prozentpunkten differieren kann.[269] Das geringste Engagement stellten die Berater in der produzierenden Industrie fest, das höchste in der Freizeitbranche.[270]

Auch die Untersuchungen von Peakon zeigen eine ähnliche Tendenz. Demnach liegt das Engagement ebenfalls im produzierenden Gewerbe am niedrigsten, während es im Technologiesektor die höchsten Werte erreicht.[271]

Zunächst naheliegend ist auch, dass es beim Fluktuationsrisiko Unterschiede zwischen den Branchen gibt. Das liegt an den unterschiedlichen Marktgegebenheiten. Niemanden wird es überraschen, dass die Fluktuation in der Zeitarbeitsbranche über 100 % liegt – was rein rechnerisch bedeutet, dass innerhalb eines Jahres die gesamte Belegschaft ausgetauscht wird. Ebenso wenig bemerkenswert ist, dass in der öffentlichen Verwaltung nur sehr geringe Fluktuationswerte gemessen werden.[272]

Wie schon bei der Betrachtung nach Regionen zeigt sich allerdings auch hier, dass die Indikationen aus den Befragungen

---

[269] (Effectory, Employee Engagement Trends, 2020)

[270] ebenda

[271] (Heartbeat by Peakon, Global Employee Engagement Data 2020, 2021)

[272] https://www.iwd.de/artikel/fluktuation-starke-wirtschaft-fuehrt-zu-mehr-jobwechseln-401583/

zur Verbleibeabsicht nicht unbedingt mit den tatsächlichen Fluktuationsraten korrelieren.

So ergibt beispielsweise eine Untersuchung von Qualtrics das mit Abstand höchste (ungewollte) Fluktuationsrisiko für den Einzelhandel.[273]

Tatsächlich liegt die Fluktuation im Einzelhandel aber nur im Mittelfeld des entsprechenden Branchenvergleichs.[274]

Umgekehrt liegt die tatsächliche Fluktuation in der IT/Technologiebranche vergleichsweise hoch,[275] während das hierfür aus Befragungen abgeleitete mit am niedrigsten erscheint.[276]

Falsche Antworten

Grundsätzlich lebt jede Befragung von der Annahme, dass die Teilnehmenden erstens bereit sind, offen und ehrlich zu antworten und zweitens davon absehen – aus welcher Motivationslage auch immer –, gezielt „falsche" Antworten zu geben.

Befragte können die Befragungsergebnisse manipulieren, indem sie unzutreffende Angaben machen.[277] Dabei muss man nicht einmal immer Böswilligkeit unterstellen.

---

[273] (Qualtrics, 2020 Global Employee Experience Trends, 2021)

[274] https://www.iwd.de/artikel/fluktuation-starke-wirtschaft-fuehrt-zu-mehr-jobwechseln-401583/

[275] ebenda

[276] (Qualtrics, 2020 Global Employee Experience Trends, 2021)

[277] Zur Verbreitung dieses Phänomens gibt es keine gesicherten Studien, Experten schätzen allerdings, dass dies je nach Befragung wenige Einzelfällen und bis zu 50 % betreffen kann (https://www.people-doc.com/blog/why-employees-dont-tell-the-truth-in-surveys-and-what-to-do-about-it; abgerufen 10.9.2021)

Typische Gründe hierfür können sein:

1. Befragte wollen (auch gegenüber sich selbst) in einem besseren Licht erscheinen, als es der Realität entspricht.
2. Befragte geben die Antworten, von denen sie glauben, dass sie von ihnen erwartet werden („soziale Erwünschtheit").
3. Befragte antworten unehrlich, weil sie die Fragen als heikel und/oder unangenehm empfinden (z. B. bzgl. Fehlverhalten) und fürchten, dass die ehrliche Antwort peinlich oder moralisch nicht akzeptabel wäre.
4. Befragte haben ein persönliches Interesse an bestimmten aus der Befragung abgeleiteten Handlungen und versuchen durch ihr Antwortverhalten die Ergebnisse in die gewünschte Richtung zu beeinflussen.
5. Befragte wollen dem Auftraggeber der Befragung „helfen" und geben die Antworten, von denen sie glauben, dass sie für den Auftraggeber hilfreich sind.
6. Befragte verfolgen eine auf den Fragebogen bezogene Taktik und bemühen sich zum Beispiel, aus ihrer Sicht möglichst widerspruchsfrei zu antworten.

Inwieweit all dies tatsächlich der Fall ist, hängt von einer Vielzahl von Faktoren ab, nicht zuletzt dem Befragungsdesign und den Umständen der Befragung (z. B. Anonymität).

Neben diesen Faktoren gibt es allerdings auch kulturelle Aspekte, die in diesem Kontext eine Rolle spielen.

So gibt es beispielsweise Hinweise, dass Personen in kollektivistischen Kulturen (etwa China) lieber in der Mitte von Skalen ankreuzen als Menschen in individualistischen Kulturen (etwa USA).[278]

Auch Forscher der Universität Melbourne kamen zu ähnlichen Schlüssen. Sie schreiben:

„Unsere Studie in 26 Ländern zeigt, dass es zwischen den Ländern große Unterschiede im Antwortverhalten gibt, was frühere Untersuchungen bestätigt und erweitert. Länderspezifische Merkmale wie Machtdistanz, Kollektivismus, Unsicherheitsvermeidung und Extraversion haben alle einen signifikanten Einfluss auf Antwortstile der Befragten."[279]

Auch die grundsätzliche Bereitschaft, in einer Befragung offen und ehrlich zu antworten, unterscheidet sich nach Ländern deutlich.

---

[278] https://wpgs.de/fachtexte/ergebnisinterpretation/response-bias-verzerrung-ergebnisse-durch-teilnehmer/ (abgerufen 10.9.2021)

[279] (Harzing A., Response Styles in Cross-National Survey Research: A 26 Country Study, Journal of Cross-Cultural management, 2006)

Das geva-Institut erfragte vor einigen Jahren in ausgewählten Ländern, inwieweit Befragte grundsätzlich bereit seien, auf Befragungen ihres Arbeitgebers offen und ehrlich zu antworten.[280]

Die Zustimmungsraten waren dabei wie folgt[281]:

Schweden	97 %
Mexiko	96 %
Deutschland	88 %
Kanada	82 %
Japan	61 %

Hier werden klare kulturelle Unterschiede deutlich, die beim Vergleich von Ergebnissen aus verschiedenen Ländern nicht außer Acht gelassen werden sollten.

Religion

Weniger beachtet ist der Einfluss von Religion auf die Ergebnisse von Mitarbeiterbefragungen. Religion wird – trotz ihrer großen Bedeutung für viele Menschen – in unserer säkularen Gesellschaft am Arbeitsplatz keine große Aufmerksamkeit geschenkt. Das ist in vielerlei Hinsicht auch richtig.

---

[280] geva-Institut, geva-Magazin Nr. 8

[281] ebenda

Es gibt aber dennoch sehr wohl einen Zusammenhang zwischen religiösen Einstellungen bzw. empfundener Religionsfreiheit einerseits und Engagement andererseits. Dies ist auf den ersten Blick nicht offensichtlich, zumal hier die Wechselwirkungen zwischen Religion und Kultur eine Trennschärfe schwierig machen.

In einer breit angelegten Studie wurde festgestellt, dass eine signifikante Varianz des Engagements (87,6 %) durch die Religiosität erklärt wird. Diese Ergebnisse lassen auf eine starke und positive Beziehung zwischen Religiosität und Engagement schließen.[282]

Eine weitere Studie kam zu dem Ergebnis, dass Mitarbeitende dann engagierter sind, wenn sie das Gefühl haben, dass ihr Arbeitgeber Schritte unternimmt, um ihrem Glauben am Arbeitsplatz Rechnung zu tragen.[283]

Einige Forscher erklären den Zusammenhang von Religion und Mitarbeiterengagement dadurch, dass drei Dimensionen von Spiritualität am Arbeitsplatz (Transzendenz, Gemeinschaft und spirituelle Werte) über vier psychologische Bedingungen (Sinnhaftigkeit der Arbeit, Sinnhaftigkeit bei der Arbeit, Sicherheit und Verfügbarkeit) mit dem Mitarbeiterengagement zusammenhängen.[284]

---

[282] (Tennakoon N., Lasanthika J., Religiosity and engagement: Clarifying the relationship, International Journal of Commerce and Management Research, 2014)

[283] https://mashable.com/archive/religion-at-work (abgerufen 11.9.2021)

[284] (Saks A., Workplace spirituality and employee engagement, Journal of Management, Spirituality & Religion, 2011)

Andere Forscher sehen den Zusammenhang eher darin, dass Religiosität das Engagement über die Work-Life-Balance begünstigt. Dies legt nahe, dass die Work-Life-Balance die Beziehung zwischen Religiosität und Mitarbeiterengagement vermittelt.[285]

Andererseits kann die Beziehung zwischen Work-Life-Balance und Mitarbeiterengagement durch die religiöse Orientierung einer Person verstärkt oder eingeschränkt werden. Das würde bedeuten, dass die Religiosität die Wirkung der Work-Life-Balance auf das Engagement der Mitarbeiter moderiert.[286]

In jedem Fall sollte bei der Betrachtung von Befragungsergebnissen auch mit erwogen werden, ob die befragte Population eher religiös geprägt ist oder nicht.

Operationelles Risiko

Die meisten Firmen betreiben ein aktives Management ihres operationellen Risikos.[287] Dies wird in vielen Branchen auch durch gesetzliche, regulatorische oder zertifikatorische Anforderungen geregelt.

---

[285] (Vu H. M., Relationship between Work-Life Balance, Religiosity and Employee Engagement: A Proposed Moderated Mediation Model, The Journal of Asian Finance, Economics and Business, 2016)

[286] ebenda

[287] gem. Definition der Deutschen Bundesbank ist das operationelle Risiko „gemäß Artikel 4 Nr. 52 der Capital Requirements Regulation (CRR) das Risiko von Verlusten, die durch die Unangemessenheit oder das Versagen von internen Verfahren, Menschen, Systemen oder durch externe Ereignisse verursacht werden, einschließlich Rechtsrisiken." (https://www.bundesbank.de/de/aufgaben/bankenaufsicht/einzelaspekte/eigenmittelanforderungen/operationelles-risiko/operationelles-risiko-598534, abgerufen 8.10.2021)

Da menschliche Faktoren hierbei eine bedeutende Rolle spielen, läge es nahe, Erkenntnisse aus Mitarbeiterbefragungen systematisch und kontinuierlich in das operationelle Risikomanagement einfließen zu lassen. Frühzeitig aufgenommene Warnsignale können so aktiv zum „Operational Risk Management" der Organisation beitragen.[288] Dadurch werden kontinuierliche Maßnahmen ermöglicht, die zum Risikomanagement eingesetzt werden. (s. Abb. 26).

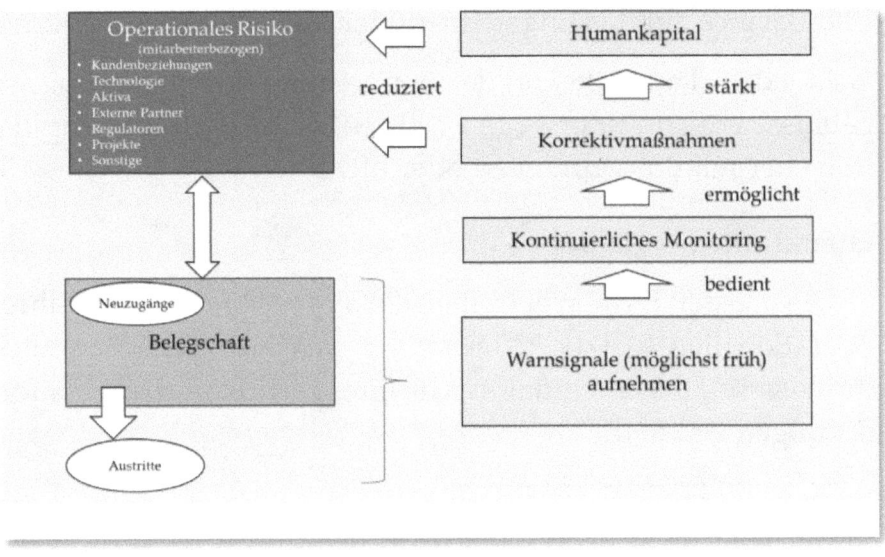

Abbildung 26: Management des operationellen Risikos

---

[288] s. hierzu auch (Mittorp K., Fischer H., How HR Measures Support Risk Management, HR Management Journal, 2002)

In der unternehmerischen Praxis wird hiervon allerdings nicht in vollem Umfang Gebrauch gemacht. In einer im Auftrag der Firma Du Pont durchgeführten Studie gaben 88 % der befragten Führungskräfte an, Mitarbeiterengagement sei ein sehr wichtiger oder wichtiger Faktor im Risikomanagement, aber nur 35 % waren der Auffassung, ihr Unternehmen sei beim Management dieses Risikoaspekts gut oder sehr gut aufgestellt.[289]

Auch die Beratungsgesellschaft Deloitte veröffentlichte erst 2019 eine Betrachtung zur Zukunft des operationellen Risikomanagements, in der sie das systematische Einbeziehen von Daten aus Mitarbeiterbefragungen in einem Fallbeispiel als fortschrittliche, zukunftsweisende Praxis aufführt.[290]

Die wirksame Nutzung erfordert jedoch einigen Aufwand. Es reicht nicht, einige Indices ins Risikomanagement zu übernehmen. Es bedarf der Entwicklung eines wirksamen Rahmens für die Überwachung von Risiken, die auf menschliche Faktoren zurückzuführen sind.

Das ist deshalb keine leichte Aufgabe, weil diese Risiken sehr vielfältig sind und sich von vielen anderen Arten operationeller Risiken unterscheiden. Bei einigen handelt es sich um Verhaltensverstöße, bei anderen um den Missbrauch von organisatorischem Insiderwissen oder die Umgehung statischer Kontrollen.

---

[289] (Bahr N., Ariawan A., Global Risk Survey, Du Pont Sustainable Solutions, 2017)
[290] (Deloitte, The Future of Operational Risk Management, 2019)

Diese Risiken haben mehr mit Kultur, persönlichen Motiven und Anreizen zu tun als mit den betrieblichen Abläufen und der Infrastruktur. Und sie sind in Organisationen mit vielen tausend Mitarbeitenden in Dutzenden oder gar Hunderten von Funktionen schwer zu quantifizieren und zu priorisieren.

Gleiches gilt für die Identifizierung der „Schlüsselfiguren", deren ungewollte Abwanderung das Unternehmen vor ernsthafte Probleme stellen würde.

Es lohnt sich jedoch in jedem Fall, die Erkenntnisse aus einer Befragung mit der operationellen Risikolage des Unternehmens (oder Teilbereichs) abzugleichen.

Was Führungskräfte bewegen (können)

Ist eine Mitarbeiterbefragung durchgeführt und liegen die Ergebnisse vor, richten sich alle Augen und Erwartungen auf die Führungskräfte. Sie sollen auf Basis der Ergebnisse Maßnahmen ergreifen und umsetzen, um die Performance des Unternehmens zu verbessern.

Dabei gerät die Frage leicht in Vergessenheit, was die einzelne Führungskraft überhaupt bewegen könnte – selbst, wenn die Erkenntnisse aus der Befragung valide und nutzbar sein sollten. An anderer Stelle in diesem Buch wurden schon einige Aspekte angesprochen, die die Einflussmöglichkeiten einschränken.

Einflusspotenzial

Tatsächlich steuern Führungskräfte mit ihrer Tätigkeit – zumindest auf dem Papier – erhebliche „Werte". Geht man davon aus, dass jede in Deutschland beschäftigte Person für eine Produktivität von 102.590 US-Dollar[291], also umgerechnet ca. 85.000 Euro[292] steht, verantwortet jede Führungskraft in Deutschland rechnerisch Produktivität im Volumen von etwa 1,7 Mio. Euro.

Dieser Wert liegt im internationalen Vergleich wiederum vergleichsweise hoch, da Deutschland über relativ wenige Führungskräfte, aber ein hohes BIP verfügt (s. Abb. 27). Es

---

[291] gem. OECD-Datenbank

[292] Wechselkurs von Mitte Mai 2021

zeigt sich aber auch, dass Deutschland in der letzten Dekade Boden verloren hat, z. B. gegenüber Spanien oder Österreich. Man könnte sagen, der potenzielle Einfluss der einzelnen Führungskraft in Deutschland ist nicht größer geworden.

Die Frage ist, welchen Einfluss die Führungskräfte mit ihrem Handeln tatsächlich auf die von ihnen gesteuerte Produktivitätsvolumen haben.

In diesem Zusammenhang ist mir in der Praxis häufig die Frage von Führungskräften gestellt worden, ob sie überhaupt etwas tun können, um die Performance des eigenen Teams zu verbessern. Schließlich gebe es da ja die Märkte, die Wettbewerber, die Regulatoren, die spezielle Dynamik in Teams, die komplexen Individuen und die sich ständig verändernden Rahmenbedingungen. Ist da der Einfluss der Führungskräfte auf Performance nicht ähnlich überschätzt wie der Einfluss der Eltern auf die spätere Entwicklung ihrer Kinder?

Auch diese Frage ist viel erforscht worden. Der bekannte amerikanische Forscher Prof. Daniel Goleman kam in seinen Arbeiten schon vor Jahren zu dem Schluss, dass Führungskräfte bis zu 70 % des Arbeitsklimas beeinflussen und dass dieses bei den Geschäftsergebnissen bis zu 30 % Unterschied machen kann.[293]

Die Beratungsgesellschaft DDI kommt sogar zu dem Schluss, dass gute Führung bis zu 50 % bessere Ergebnisse

---

[293] (Goleman D., Leadership that gets Results, Harvard Business Review, 2000)

erzielen kann.[294] Das Befragungsinstitut Gallup schätzt ebenfalls, dass Führungskräfte für bis zu 70 % der Schwankungen im Mitarbeiterengagement verantwortlich sind.[295]

Gallup geht ebenfalls davon aus, dass die volkswirtschaftlichen Kosten aufgrund von innerer Kündigung von Mitarbeitenden sich auf eine Summe zwischen 96,1 und 113,9 Milliarden Euro belaufen.[296]

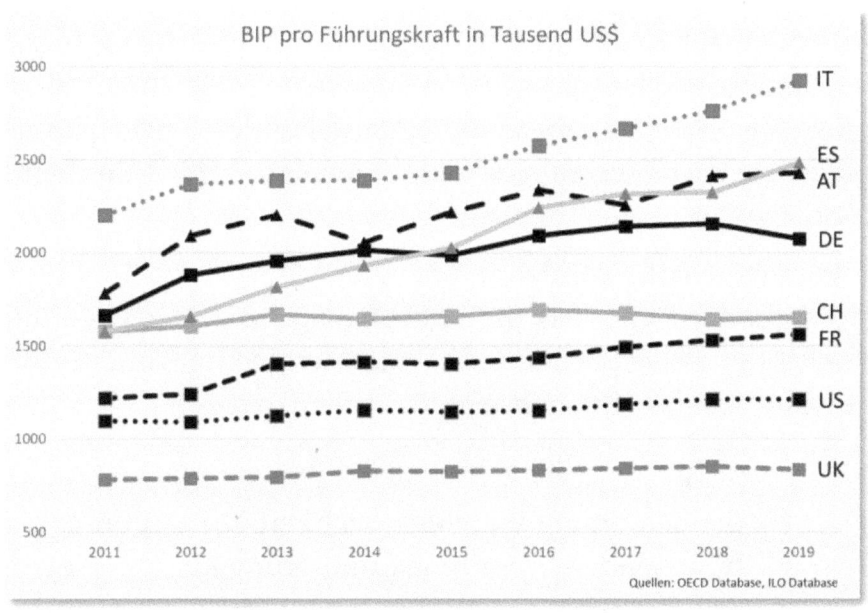

Abbildung 27: BIP pro Führungskraft

[294] (DDI, Global Leadership Forecast, 2011)

[295]   https://news.gallup.com/businessjournal/182792/managers-account-variance-employee-engagement.aspx

[296] (Gallup, Engagement Index Deutschland 2020, 2021)

Dies mag angesichts der übrigen Einflussfaktoren hoch erscheinen, zeigt aber in jedem Fall, dass Führungskräfte mit ihrem Verhalten sehr wohl einen substantiellen Einfluss haben können.

Realer Einfluss

Im Zusammenhang mit Mitarbeiterbefragungen wird dieser Einfluss jedoch nur bedingt genutzt. In den meisten Firmen hört man die Kritik, aus den Ergebnissen der Befragungen würden vergleichsweise wenige oder keine Maßnahmen abgeleitet. Nur etwa ein Drittel der Mitarbeitenden ist der Auffassung, ihre Firma setze Folgemaßnahmen aus Mitarbeiterbefragungen gut oder sehr gut um.[297]

Hier stößt die Grundannahme aller Mitarbeiterbefragungsprozesse, nämlich, dass die Führungskräfte in der Lage und bereit sind, das Feedback der Mitarbeitenden für Veränderungen zu nutzen, auch an ihre natürlichen Grenzen.

Dies hat im Wesentlichen drei Gründe:

- die Bedeutung von Persönlichkeitsstrukturen
- bestehende strukturelle Limitierungen
- Scheu vor hohem Aufwand.

Wenn – wie zahlreiche Forscher die Meinung vertreten – der Führungsstil sehr stark von der Persönlichkeit der Führungskraft geprägt und die Wahrnehmung der Mitarbeitenden wiederum sehr stark vom Führungsstil beeinflusst wird,

---

[297] (Qualtrics, 2020 Global Employee Experience Trends, 2021)

dann wird eine meist stabile Persönlichkeitsstruktur der Führungskraft nur mit großem und nachhaltigen Aufwand Raum für grundlegende Verhaltensveränderung lassen.

Die Persönlichkeitsstruktur der Mitarbeitenden wiederum spielt auch eine wichtige Rolle dabei, wie sie auf Ergebnisse und Maßnahmen reagieren. Das begrenzt den Einfluss von Führungskräften auf das Arbeitsumfeld vielfach auf situative Aspekte und steht in keinem Verhältnis zu den großen Erwartungen, die an sie gerichtet werden.

Führungskräfte und Personaler sind sich inzwischen in verstärktem Maße der Rolle bewusst, die umfassendere systemische und kulturelle Aspekte bei der Bestimmung der Leistungsfähigkeit einer Organisation spielen. Dementsprechend haben sich auch Befragungen dahingehend entwickelt, dass Aspekte rund um die Effektivität einer Organisation stärker erforscht werden.

Diese Elemente des Funktionierens einer Organisation sind allerdings schwer zu ändern schon gar nicht von einer einzelnen Führungskraft. Sie erfordern in der Regel vielmehr erhebliche koordinierte Aktivitäten verschiedener Teams und Führungskräfte gleichzeitig. Hinzu kommt die Rolle der obersten Führungsebene, die sich ebenfalls als entscheidend erwiesen hat. Auch hier spielt die Persönlichkeit des CEO eine Rolle bei der Kulturentwicklung.

Des Weiteren deutet vieles darauf hin, dass Führungskräfte im Rahmen der vorherrschenden, klassischen Managementansätze und -strukturen die Potenziale eines Unternehmens nur unzureichend erreichen und damit auch nur in Teilen steuern und beeinflussen können.[298] Die Forschung britischer Professoren ergibt, dass in den meisten Unternehmen das Wissen dafür vorhanden ist, wie der Firmenwert verdoppelt werden könnte. Gerade in komplexen Organisationen ist dieses Wissen aber so verstreut und fragmentiert, dass es mit herkömmlichen Mitteln nicht (mehr) aggregiert und genutzt werden kann.[299] Selbst auf der Ebene des Topmanagements sind die Eingriffsmöglichkeiten demnach strukturell eingeschränkt.

Hinzu kommt schließlich ein Aspekt, auf den beispielsweise Experten der Beratungsgesellschaften Mercer und Sirota in einer gemeinsamen Studie hingewiesen haben. Sie analysieren:

> *„Der Aufwand, der mit dieser Art von koordiniertem Wandel verbunden ist, übersteigt in der Regel die Ressourcen, die viele Organisationen bereit sind einzusetzen, es sei denn, sie befinden sich in einer akuten Notlage."*[300]

Führungskräfte scheinen tatsächlich zu spüren, dass ihr Einfluss begrenzt ist. Nach einer Untersuchung der Beratungsgesellschaft OfficeVibe halten nur etwa die Hälfte der Führungskräfte die Ergebnisse von Mitarbeiterbefragungen für

---

[298] (Goddard J., Eccles T., Uncommon Sense, Common Nonsense – why some organisations consistently outperform others, Profile Books, 2012)

[299] ebenda

[300] (Garrad L., Hyland P., Employee Survey Research: A Critical Review of Theory and Practice, Mercer | Sirota, 2020)

hilfreich.[301] 27 % der Führungskräfte beschäftigen sich überhaupt nicht näher mit Befragungsergebnissen, weitere 52 % nehmen sie zwar zur Kenntnis, leiten aber in ihrem Verantwortungsbereich keinerlei konkrete Maßnahmen daraus ab.[302]

47 % der Führungskräfte verbringen nicht mehr als fünf Tage pro Jahr mit Aktivitäten, die im Zusammenhang mit aus Mitarbeiterbefragungen abgeleiteten Maßnahmen stehen.[303]

Trotz der letztlich begrenzten Möglichkeiten können Führungskräfte nach Meinung der Experten allein mit Kontinuität und Berechenbarkeit dennoch einiges erreichen.

Patrick Hyland von Sirota empfiehlt etwa:

„Top-Führungskräfte können Mitarbeitende immer wieder an das größere Ziel ihrer Organisation erinnern, direkte Vorgesetzte können den Mitarbeitenden helfen, mehr Sinn in ihrer täglichen Arbeit, bei ihren Rückschlägen und auch in ihren Erfolgen zu finden. […] Letztendlich geht es darum, ein Umfeld zu schaffen, in dem die Mitarbeitenden das Gefühl haben, sich bei der Arbeit voll und sinnhaft einbringen zu können und ein Berufsleben zu führen, das mit

---

[301] https://www.business2community.com/human-resources/12-outrageous-employee-survey-statistics-will-blow-mind-infographic-01002486 (abgerufen 12.9.2021)

[302] ebenda

[303] ebenda

ihren tiefsten inneren Überzeugungen übereinstimmt."[304]

Direkte oder indirekte Umsetzbarkeit

So sehr es die bisher beschriebenen Grenzen gibt, an die Führungskräfte stoßen, wenn es um die Ableitung und Umsetzung von Maßnahmen aus Mitarbeiterbefragungen geht, so sehr gibt es natürlich dennoch auch ausreichend Möglichkeiten, aus den Befragungsergebnissen konkrete Veränderungen herzuleiten.

Dazu werden oftmals die einzelnen Statements aus der Befragung herangezogen. Um daraus möglichst gezielt Handlungen abzuleiten, ist es sinnvoll zunächst festzustellen, wie bedeutsam der mit der Frage behandelte Aspekt ist und danach zu unterscheiden, ob es sich dabei um eine Frage mit direkter oder indirekter Umsetzbarkeit handelt (s. Abb. 28).

Direkt in Handlungen umsetzbar sind Fragen, die einen konkreten Sachverhalt beschreiben, auf dessen Veränderung die Führungskraft direkten Einfluss hat. Oft handelt es sich dabei um Dinge aus dem Arbeitsumfeld. Die Qualität des Kantinenessens, Teilaspekte der Infrastruktur oder auch Regeln und Prozesse im Arbeitsteam gehören in diese Kategorie.

---

[304] https://mashable.com/archive/religion-at-work (abgerufen 11.9.2021)

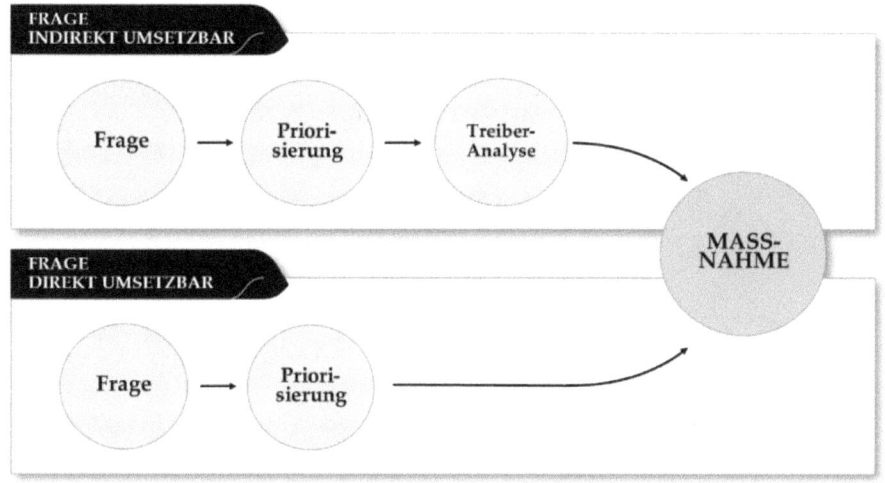

Abbildung 28: Umsetzbarkeit von Fragen

Also Statements wie z.B.

> *„Das Speisenangebot in der Kantine entspricht meinen Erwartungen."*

> *„Mein Arbeitsplatz verfügt über die erforderliche technische Ausstattung."*

> *„Die Arbeitszeitregelungen in meinem Team kommen meinen persönlichen Bedürfnissen entgegen."*

Hier ist es oft relativ leicht möglich – ggf. unter Einsatz eines entsprechenden Budgets - schnell spürbare Verbesserungen zu erzielen.

Etwas weniger eindeutig sind aber schon Statements zur direkten Führungskraft.

Statements wie etwa

> *„Meine Führungskraft ist für mich erreichbar,*
> *wenn ich sie benötige."*

> *„Meine Führungskraft behandelt mich mit Res-*
> *pekt."*

sind direkt beeinflussbar. Hier kann eine Führungskraft erforderlichenfalls ohne Weiteres für sich verbessernde Maßnahmen ergreifen.

Komplexer wird es bei Fragen wie

> *„Meine Führungskraft trifft Entscheidungen*
> *zeitnah."*

> *„Meine Führungskraft versorgt mich mit den*
> *Informationen, die für meine Arbeit erforder-*
> *lich sind."*

Zwar ist es denkbar, dass wenn diese Statements schlechte Ergebnisse hervorbringen, eine Führungskraft tatsächlich eine entscheidungsschwache Persönlichkeit ist oder dazu neigt, Informationen für sich zu behalten. Hinter solchen Beobachtungen der Mitarbeitenden können aber auch strukturelle Gründe liegen, die in der Organisation wurzeln.

Möglicherweise bedingen derartige Strukturen lange Entscheidungswege oder verhindern, dass Führungskräfte selbst alle Informationen erhalten, die sie an die Mitarbeitenden weitergeben müssten.

Hier wird es also erforderlich sein, zunächst die Ursachen zu erforschen, bevor sinnhafte Maßnahmen angegangen werden können.

Gleiches gilt natürlich auch für alle die Statements, die von vornherein nur indirekt beeinflussbar sind. Klassisches Beispiel ist hier das Statement

„Ich habe Vertrauen in das Top-Management meines Unternehmens."

Dieses Vertrauen wird von zahlreichen (externen und internen) Faktoren beeinflusst, von denen meist keiner zunächst offensichtlich ist. Es bedarf daher immer einer tieferen Analyse, was in der spezifischen Situation des Unternehmens das Vertrauen beeinflusst. Erst dann können hierzu Maßnahmen angestoßen werden, die auf diese Hebel wirken.

Dies systematisch zu tun, ist relativ aufwendig und komplex und es gibt daher durchaus immer wieder Stimmen in Unternehmen, die dafür werben, überhaupt nur direkt umsetzbare („actionable") Statements in die Fragebögen aufzunehmen.

Bei ad-hoc Befragungen ist dies durchaus ein naheliegender Weg. Bei breit angelegten, allgemeinen Befragungen würden allerdings mit dem vollständigen Weglassen der nur indirekt umsetzbaren Fragen wichtige strukturelle Aspekte ausgeblendet und auch die tiefer gehende Treiberanalyse erschwert.

Für die Ableitung zielgerichteter und effektiver Maßnahmen sind demnach zwei scheinbar etwas aus der Mode gekommene Tugenden hilfreich: Disziplin und Struktur.

Nur ein stringent und diszipliniert durchgeführter Prozess von der Konzeption bis zur Analyse kann die tatsächlich machbaren Maßnahmen identifizieren, priorisieren und umsetzen.

Dabei geht es (ggf. für jedes einzelne Statement eines Fragebogens) letztlich um folgende Fragestellungen:

- Um welchen Aspekt geht es?

- Wie bedeutsam ist er für die Zukunft des Unternehmens?

- Welche Erwartungen bestehen bezüglich Veränderung? (egal, ob berechtigt oder unberechtigt)

- Handelt es sich um eine direkt oder indirekt beeinflussbare Frage?

- Wenn indirekt: Was sind die Treiber und ist an dieser Stelle Veränderung überhaupt realistisch?

- Wo liegt tatsächlich die Entscheidungsbefugnis für entsprechende Veränderungen?

- Welchen Nutzen versprechen etwaige Veränderungen?

- Mit welchem Aufwand (Ressourcen/Budget) wären sie zu erreichen

Werden diese Schritte konsequent durchlaufen, können im Rahmen der jeweiligen Gegebenheiten die größtmöglichen Effekte erzielt werden.

Schlussbetrachtung

S o sehr Mitarbeiterbefragungen beliebt und grundsätzlich auch zielführend sind, muss für eine sinnhafte Interpretation der Ergebnisse einiges beachtet werden.
Auf jedem Schritt vom Befragungsdesign bis zur Ergebnisprä-
sentation lauern Fallstricke, die es möglichst zu vermeiden,
aber sicherlich zumindest zu erkennen gilt (s. Abb. 29).

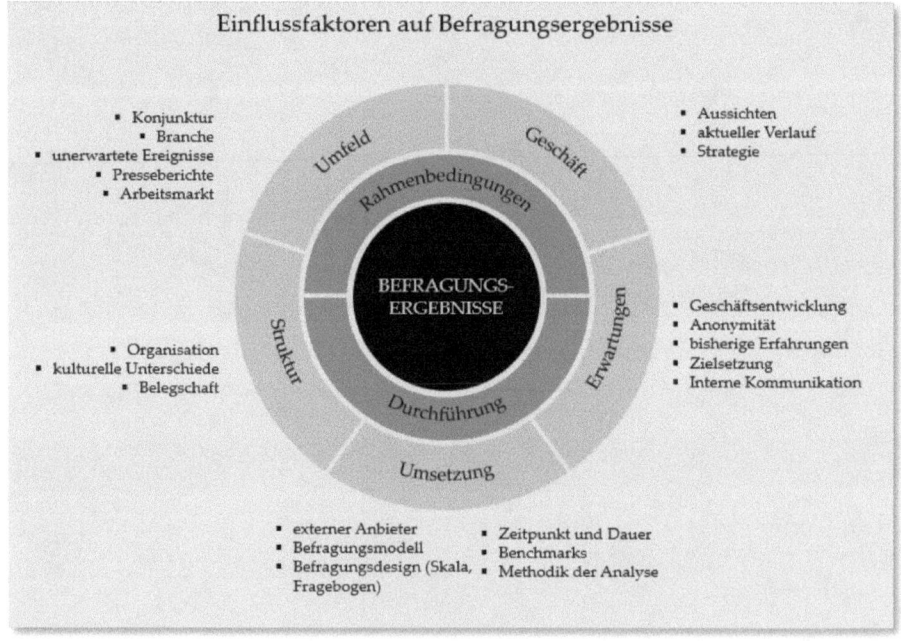

Abbildung 29: Einflussfaktoren auf Befragungsergebnisse

Führungskräfte und Personaler, die sich mit solchen Ergebnissen auseinandersetzen (müssen), sollten daher zunächst einige Schritte durchlaufen.

1. Sie sollten für sich eine möglichst hohe Transparenz schaffen. Sie sollten wissen, wie ist die Befragung konzipiert und durchgeführt worden – und von wem. Dazu gehört etwa, nach dem angewendeten Modell zu schauen, nach dem Hintergrund und der Interessenlage des internen Auftraggebers und des etwaigen externen Beraters.

2. Sie sollten sich den Zeitpunkt der Befragung und die dabei vorherrschenden Umstände genau und bewusst vor Augen führen. Dazu gehört auch, zu prüfen, welche externen und internen Ereignisse das Stimmungsbild geprägt haben könnten. Das können, müssen aber nicht auch besondere Umstände gewesen sein.

3. Sie sollten sich sehr genau auch anschauen, wie die Analyse durchgeführt wurde und ob und wie kulturelle Aspekte angemessen berücksichtigt worden sind. Letzteres wird oft mit dem Hinweis auf die regionalen Benchmarks abgehandelt, was allenfalls an der Oberfläche kratzen kann. Dazu gehört aber etwa auch, zu prüfen, ob vielleicht Korrelationen als Kausalitäten ausgegeben werden. Ein „Klassiker" ist hier die Aussage, dass je engagierter die Mitarbeitenden sind, desto besser die Unternehmensergebnisse ausfallen. Solche Korrelationen zwischen Engagement

und Geschäftserfolg sind in der Tat häufig festzustellen. Aber ohne tiefere Analyse könnte es dabei genauso sein, dass ein größerer Geschäftserfolg zu mehr Engagement führt.

4. Sie sollten genau hinterfragen, wie Trendanalysen und externe Vergleiche (Benchmarks) zustande kommen. Nur allzu häufig werden bei den Trends aufgrund organisatorischer Veränderungen Äpfel mit Birnen verglichen

5. Sie sollten alle Ergebnisse im konkreten strategischen Kontext des Unternehmens oder Teilbereichs sehen. Nicht jede Dimension der Befragung ist dabei gleich wichtig, sei es Innovation, Zusammenarbeit oder Verbleibeabsicht. Auch gilt es, grundsätzlich positiv besetzte Dimensionen zu hinterfragen. Intuitiv würden alle zunächst meinen, je mehr Empowerment der Mitarbeitenden, desto besser. In einer stringent zentral aufgebauten Vertriebsorganisation beispielsweise kann großes Empowerment der Einzelnen aber dysfunktional wirken. Hier wäre mehr also nicht unbedingt besser.

Die entsprechenden Abschnitte dieses Buches geben viele konkrete Hinweise, worauf dabei jeweils besonders zu achten ist.

Aber es ist noch etwas anderes wichtig. Es kommt bei der Betrachtung der Ergebnisse jenseits aller bereits erwähnten Erwägungen auch darauf an, den Blick zu weiten. Das bedeutet insbesondere, nicht in die Routine des „hier kommt eben die nächste Befragung" zu verfallen, die leicht in einem Tunnel-blick mündet.

Dazu gehört etwa, sich immer wieder klarzumachen, dass stets höhere Ergebniswerte nicht unbedingt positiv sein müs-sen.

Sehr positive Einstellungen können die Führungskräfte ei-ner Organisation auch davon abhalten, sich auf den kritischen Prozess der Reflexion und Veränderung überhaupt einzulas-sen. Und wenn die Mitarbeitenden mit dem Istzustand zufrie-den sind, kann es für Organisationen schwerer werden, aus dem Status quo auszubrechen, wenn es erforderlich ist.

Auch können Mitarbeitende in bestimmten Funktionen von einem Gefühl der (begrenzten) Frustration am Arbeitsplatz so-gar profitieren. Bei diesen Menschen – etwa Kreativen – ist es oft ihre Unzufriedenheit, die ihre Handlungen erst antreibt und damit auch Innovation fördert.

Mitarbeitende, die ihre aktuelle Leistung (zu) positiv ein-schätzen, neigen tendenziell auch dazu, weniger Energie auf-zubringen und sich daher möglicherweise weniger effektiv auf zukünftige Entwicklungen vorzubereiten.

Es sollte schließlich auch nicht übersehen werden, dass hoch engagierte Mitarbeitende zwar in der Regel stärker leis-ten, aber auch potenziell unter einer stärkeren Beeinträchti-gung sowohl am Arbeitsplatz als auch im Privaten leiden.

Daraus ergibt sich, dass einige Einstellungen und Zustände der Mitarbeitenden möglicherweise tatsächlich vorteilhafter sind, wenn sie schwanken, anstatt auf einem konstant hohen Niveau zu bleiben. All diese Aspekte gilt es beim Lesen der Ergebnisse abzuwägen und nicht *nur* nach stetigen Verbesserungen zu streben.

Dieser Effekt des „zu viel des Guten" wurde bereits für vieles – von der Intelligenz bis zur Persönlichkeit – festgestellt.

Mehr ist eben nicht immer besser – dies ist ein wichtiger Punkt, den Führungskräfte und Personaler bei der Interpretation von Ergebnissen auch im Hinterkopf behalten sollten.

Mit einem solchen erweiterten, transparenten und ganzheitlichen Blick sollte aus jedem Befragungsergebnis eine konstruktive und sinnhafte Botschaft zu lesen sein.

Und dann hätte eine Befragung ihren eigentlichen Zweck tatsächlich erreicht.

Literaturverzeichnis

Allianz SE, Group Sustainability Report. (2020).

Bahr N., Ariawan A., Global Risk Survey, Du Pont Sustainable Solutions. (2017).

Baruch Y., Holtom B., Survey Response Rate Levels and Trends in Organizational Research. (2008).

BCG, Decoding Global Talent. (2018).

Blueweave Consulting & Research Pvt Ltd., Global Employee Engagement and Feedback Software Market . (2020).

BMW AG, BMW Group Bericht . (2020).

Bogner K., Landrock U., Antworttendenzen in standardisierten Umfragen, GESIS – Leibniz Institut für Sozialwissenschaften. (2015).

Bosbach G., Korff J., Lügen mit Zahlen, Heyne Verlag. (2011).

Bundesagentur für Arbeit, Beschäftigte mit Leitungsfunktion. (2019).

Bundesverband Deutscher Unternehmensberater e. V., Facts & Figures zum Beratermarkt 2020. (2020).

Bungard, Jöns, Schulz-Gambard, Sünden bei Mitarbeiterbefragungen – Zusammenfassung der wichtigsten Fehler und Fallgruben, Mannheimer Beiträge 1/97. (1997).

CIGNA, 360° Well-being Survey: On the Road to Recovery. (2021).

Cook I., Who is Driving the Great Resignation, Harvard Business Review 09/2021. (2021).

Corporate Leadership Council (jetzt Gartner), Attracting and Retaining Critical Talent Segments, Identifying Drivers of Attraction and Commitment in the Global Labor Market. (2006).

DDI, Global Leadership Forecast. (2011).

Deloitte, The Future of Operational Risk Management. (2019).

Deutsche Telekom AG, Geschäftsbericht. (2020).

Deutscher Gewerkschaftsbund (DGB), Gute Arbeit Jahresbericht. (2019).

Deutscher Gewerkschaftsbund (DGB), Gute Arbeit Jahresbericht. (2020).

Dicke, C., Holwerda, J., & Kontakos, A. Employee Engagement: What Do We Really Know? What Do We Need to Know to Take Action? Center for Advanced Human Resources Studies. (2007).

Edenred-Ipsos, Barometer 2015 Wohlbefinden und Motivation der Mitarbeiter. (2015).

EF, English Proficiency Index 2020. (2021).

Effectory, Employee Engagement Trends. (2020).

Effectory, Global Employee Engagement Index. (2021).

Eurofound/ILO, Working conditions in a global perspective. (2017).

EY, Jobstudie 2019. (2019).

EY, Work Reimagined, Global Employee Survey. (2021).

Frieg P., Mitarbeiterbefragungen: Follow-Up-Studie bei 200 Top-Unternehmen der DACH-Region, Ruhr-Uni Bochum. (2018).

Gallup, Engagement Index Deutschland. (2019).

Gallup, Engagement Index Deutschland. (2020).

Gallup, State of the Global Workplace Report. (2021).

Garrad L., Hyland P. K., Survey Research: A Critical Review of Theory and Practice, Mercer I Sirota. (2020).

Goddard J., Eccles T., Uncommon Sense, Common Nonsense – why some organisations consistently outperform others, Profile Books. (2012).

Goleman D., Leadership that gets Results, Harvard Business Review. (2000).

Gordon, G. Industry Determinants of Organizational Culture, The Academy of Management Review. (1991).

Haarhaus B., Nur eine einzige Zahl, Personalmagazin 03/2015. (2015).

Harrison G, McKinnon J., Panchapakesan S., Leung M., The Influence of Culture on Organizational Design and Planning and Control in Australia and the US Compared with Singapore and Hong Kong. Journal of International Finance and Accounting, 2007). (2007).

Harzing A., Response Styles in Cross-National Survey Research: A 26 Country Study, Journal of Cross-Cultural management. (2006).

Hay Group (jetzt Korn Ferry), Warum Engagement alleine nicht (mehr) reicht. (2014).

Hayes M. et al, The Global Study of Engagement, ADP Research Institute. (2018).

Heartbeat by Peakon, Global Employee Engagement Data 2020. (2021).

Heartbeat by Peakon, The Employee Voice. (2019).

Hewitt Associates und Kienbaum, Mitarbeiterbefragungen – Die Trends. (2008).

Hinrichs S., Mitarbeiterbefragungen, Hans-Böckler-Stiftung . (2009).

Hodapp M., Die Wirksamkeit von Mitarbeiterbefragungen, Universität Mannheim. (2017).

hr.com, The State of Employee Engagement. (2018).

IDG, Studie Arbeitsplatz der Zukunft. (2018).

IMA, Voice of the Employee Trend Report. (2019).

Judge, T. A., Thoresen, C. J., Bono, J. E., & Patton, G. K.. The job satisfaction – job performance relationship: A qualitative and quantitative review. Psychological Bulletin. (2001).

Kienbaum / Hewitt, Mitarbeiterbefragungen – Die Trends. (2008).

Kincentric, 2020 Trends in Global Employee Engagement. (2021).

Kirchhoff Consulting mit BDO, Quo Vadis? Die Nichtfinanzielle Berichterstattung im DAX, Studie 2020. (2020).

Klemp N. et al, Employee Engagament Trends 2020, Emplify. (2021).

Lahiri G., Schwartz J., Volini E., Global Human Capital Trends, Deloitte. (2018).

Li, N., Zhao, H. H., Walter, S. L., Zhang, X.-a., & Yu, J., Achieving more with less: Extra milers' behavioral influences in teams. Journal of Applied Psychology. (2015).

marktforschung.de/Questback, Gehaltsstudie 2018. (2019).

Mc Kinsey, The Boss Factor. (2020).

Menold N., Bogner K., Gestaltung von Ratingskalen in Fragebögen, GESIS – Leibniz-Institut für Sozialwissenschaften. (2015).

Mercer, Engaging Today's Workforce – Insights from 25 Years of Research. (2017).

metaHR, Candidate Journey Studie. (2017).

Microsoft, Work Trend Index Annual Report,. (2021).

Mittorp K., Fischer H., How HR Measures Support Risk Management, HR Management Journal. (2002).

Mittorp K., HR in der Falle, Verlag tredition, ISBN 978-3-347-28609-2. (2021).

Murphy M., Job Performance not a Predictor of Employee Engagament, Leadership IQ Whitepaper. (2013).

Netigate, Mitarbeiter-Engagement – Welche Faktoren beeinflussen das Engagement von Mitarbeitern in Deutschland? (2021).

Netigate, Wie hat sich die Mitarbeiterbindung gegenüber dem Arbeitgeber seit 2019 entwickelt? (2019).

Oehler K., What's Your Point? The Importance of Response Scales for Employee Survey Measurement Accuracy and Decisions, AON Hewitt. (2014).

ORC International (jetzt Engine Insights), Global Perspectives 2015: World-wide Trends in Employee Engagement. (2015).

Payscale, Most People (Still) Have No Idea Whether They're Paid Fairly, https://www.payscale.com/data/pay-perception. (2017).

Personalwirtschaft, Marktcheck Mitarbeiterbefragungen, Dienstleister Mitarbeiterbefragungen. (2015).

Qualtrics, 2020 Global Employee Experience Trends. (2021).

Questback HR Survey Monitor . (2019).

Randstad, Employer Brand Research Global Report. (2021).

Rauen, C., RAUEN Coaching-Marktanalyse 2020. (2020).

Robert Half, Die Zeit ist reif. Glücklich Arbeiten. (2018).

Saks A., Workplace spirituality and employee engagement, Journal of Management, Spirituality & Religion. (2011).

Statistisches Bundesamt (Destatis), Wirtschaft und Statistik, Juni 2011. (2011).

Statistisches Bundesamt Destatis, Studie Qualität der Arbeit. (2017).

Staufen AG, Kollaboration 2021 – Erfolgsfaktor Zusammenarbeit. (2021).

Steelcase, Global Report Mitarbeiterengagement und Arbeitsplätze weltweit. (2016).

Stepstone, Arbeit in der Coronakrise. (2021).

Tennakoon N., Lasanthika J., Religiosity and engagement: Clarifying the relationship, International Journal of Commerce and Management Research. (2014).

Teuber S., Backes-Gellner U., Ryan P., How companies adjust their span of control to national instititions, Die Betriebswirtschaft 4/2016. (2016).

The Washington Post, The 'Great Resignation' goes Global, 18.10.2021

Thielsch M. T., Weltzin S., Online-Befragungen in der Praxis in Praxis der Wirtschaftspsycholigie Verlagshaus Monsenstein und Vannerdat OHG Münster. (2009).

Thielsch M., Weltzin S., Online-Umfragen und Online-Mitarbeiterbefragungen, Uni Münster/tivian GmbH . (2013).

Tov W., Nai Z., Cultural Differences in Subjective Well-Being. (2017).

Trompenaars F., Hampden-Turner C., Riding the Waves of Culture, Nicholas Brealey Publishing. (1998).

Universität Leipzig/Staffbase GmbH, Benchmarking Digitale Mitarbeiterkommunikation 2020 – Empirische Studie zu Herausforderungen und Erfolgsfaktoren von Content-Management in der internen Kommunikation. (2020).

von Rundstedt, Talents & Trends Umfrage. (2019).

von Rundstedt, Talents & Trends Umfrage. (2020).

Vu H. M., Relationship between Work-Life Balance, Religiosity and Employee Engagement: A Proposed Moderated Mediation Model, The Journal of Asian Finance, Economics and Business. (2016).

Willis Towers Watson, Befragungsmonitor. (2020).

Willis Towers Watson, COVID-19 Benefits Survey Germany. (2021).

Wolock T., Martin C., The Formula for a Winning Corporate Culture, Payscale. (2018).

World at Work / Korn Ferry, Study of Reward Fairness and Equity. (2018).

Abbildungsverzeichnis

Stichwortverzeichnis

Ebenfalls von diesem Autor

ISBN: 978-3-347-35852-2

184 Seiten

€ 14,90

Klaus D. Mittorp

HR in der Falle

Warum Personalabteilungen oft enttäuschen -
und was in elf Schritten dagegen getan werden kann

COLMAR VERLAG

ISBN: ISBN: 978-3-347-28609-2

192 Seiten

€ 24,90

Klaus D. Mittorp

How to Make Sense of
Employee Survey Results

A Practical Guide for
Managers and HR Professionals

/ Burghley Books

ISBN: 978-3-347-60589-3

232 Seiten

€ 24,90